수필로
만나는 성경

수필로 만나는 성경

지은이 이근형
발행일 2025년 10월 16일

발행처 디자인엠포
출판등록 제 2016-000018호
주소 충북 청주시 상당구 대성로231번길 3
대표전화 001-8843-4877
전자우편 yesun0116@naver.com

ISBN 979-22-88898-19-0(03000)

책 값은 뒤표지에 있습니다.

수필로 만나는 성경

두 글자로 요약하여 수필로 쓴 성경

작은 가슴에 하늘을 품고 살았습니다

김운용 목사 | 장로회신학대학교 총장

가을에 들어선다는 입추 절기, 산책길에 보니 매미 한 마리가 길바닥에 드러누워 있었습니다. 여름, 불볕더위에도 아랑곳하지 않고 목이 터지라고 울어대던 매미가 길바닥에 누워있으니 신기했습니다. 가까이 다가가 바라보는 저에게 그렇게 말하는 듯했습니다. “다 울었다.” 매미는 한번 울기 위해 땅속에서 유충으로 3년에서 길게는 17년 세월을 보낸다고 하지요. 한철 울기 위해 깜깜한 어둠 속에서 나무뿌리 수액을 빨면서 그 긴 세월을 기다렸으니 가로수에 매달려 지축이 흔들릴 정도로 울어대는 이유가 바로 그것입니다. 그렇게 긴 기다림의 시간이 지나고 노래할 날이 왔는데 시끄럽다고 인상 찌푸리는 사람의 비난이 문제겠습니까?

그래서 안도현 시인은 그의 시에서 “울지 않으면 보이지 않기 때문에 매미는 우는 것이다”고 적습니다. 이렇게 당당하게 외칠 수 있다면 잘 산 것이라는 생각을 갖습니다.

허허벌판에 교회를 개척하고, 교회당을 짓고, 하나님의 말씀으로 성도들을 목양하며 평생 사랑 노래를 불러오신 분이 해가 저물어 감을 보며 주제와 문학의 장르를 통해 성경을 쉽게 풀어 다가갈 수 있도록 돕는 안내서를 책으로 묶었습니다. 이정표와 같은 책입니다. 등산길, 이정표를 따라가다 보면 목적지, 하늘과 맞닿아있는 봉우리에 이르게 하지요. 목자의 사랑을 가득 담아 하늘 신비를 전하는 말씀의 깊은 샘으로, 높은 봉우리로 인도하기 위함입니다. 이 책의 목적은 하나님께서 우리 인생길에 놀랍게 역사하고 계심을 드러내기 위함입니다. 하나님께서는 시대마다 신실한 하나님의 사람을 세우셔서 교회와 당신의 백성을 돌보게 하셨습니다.

광야 시대를 마치고 가나안 정착의 시대를 활짝 열었던 한 영웅이 사라지는 때를 성경은 이렇게 언급합니다. "여호수아가 나이 많아 늙은지라"(수 23:1). 화자가 전하는 객관적 관점으로 시작된 말씀은 주관적 고백으로 이어집니다. "나는 오늘 온 세상이 가는 길로 간다." 한 시대가 끝나고 있습니다. 이야기의 끝을 전하면서 그 내러티브 중심에 그가 아니라 여호와 하나님께서 우뚝 서 계심을 선명하게 보여주기 위해 반복 어구가 등장합니다. "너희의 하나님 여호와께서…" 작은 가슴 가득 하늘을 품고 살았다는 고백입니다.

이렇듯 믿음의 영웅들의 이야기와 고백, 증언의 중심에는 여호와 하나님이 우뚝 서 계십니다. 생의 마지막 순간에도, 죽어서도 이 사실을 부단히 증언합니다. 그래서 오경학자 마틴 노트(Martin Noth)는 여호수아가 "이제 야전사령관의 옷을 벗고 토라 앞에 섰다"고 말합니다. 세움받은 자리에서 힘껏 섬겼고, 인생 마지막 순간에도 그분이 행하신 일을 힘껏 증언합니다. '나는 작은 가슴에 큰 하늘을 품고 평생을 달렸습니다.' 그리고 그는 '이야기'로 남습니다. 어스름 어둠이 내리는 때, "꽃 초롱 하나가 불을 밝힌다"는 박정만 시인의 작은 연가를 다시 가슴에 담으면서 우리 남은 생도 더 뜨겁고 간절하길 바랍니다. 본서는 그러한 삶을 위한 좋은 길라잡이가 되리라 확신합니다. 일독을 권합니다.

박조준 | 갈보리 교회 원로목사

성경에 관한 책은 그 수를 셀 수 없을 정도로 많습니다 그런데 이 책은 완전히 그 성격이 다릅니다. 평생 목회한 목사의 평범한 설교집이 아닙니다. 성경의 논리적 근거를 분석한 신학 논문은 더욱 아닙니다. 저자가 말한 대로 〈수필로 만나는 성경〉입니다.

이근형 목사님은 특별한 은사를 받으신 분입니다. 목사이시면서 시인이요 수필가이십니다. 성경의 오랜 역사와 깊고 높고 넓은 세계를 함축해서 볼 수 있는 해안과 감성을 가지신 이 목사님은 목회를 다 마치면서 하나님께 드리는 첫 예물이라는 심정으로 쓰신 책이므로 여기에 목사님의 경외심과 정성 그리고 사랑이 묻어나는 주옥같은 책입니다.

성경의 각 책이 책마다 두 글자로 표현한 것도 특별한데, 이것은 시인의 특권입니다. 전문적인 용어를 전혀 사용하지 않고 읽기에 편하고 공감이 가는 목사의 영감과 시인의 함축성과 그리고 수필가의 탁월한 감성이 그대로 담긴 재미있는 책입니다.

목회자뿐만 아니라 평신도가 읽어야 할 필독의 책이고 비신자가 기독교에 접근하게 할 수 있는 책이므로 부족한 사람이 감히 여러분께 이 책을 추천하여 드립니다. 감사합니다.

신금철 | 수필가, 청주가톨릭문인회 회장

이근형 수필가는 어느 글에서 '인생은 만세이기 전에 만남'이라고 했다. 그의 젊은 시절은 그리 녹록지 않았다. 그러나 그는 운명을 이겨내려는 불꽃 같은 의지로 자신의 삶을 개척했다. 중학교 때부터 꿈꾸었던 시를 만나 시인詩人이 되었고, 애타게 그리던 하느님을 만나 성직자聖職者가 되었으며, 신앙 속에서 체험한 보석 같은 언어들을 풀어내는 수필을 만나 수필가隨筆家가 되었다.

그의 수필은 성찰省察의 문학이다. 늘 하느님과 대화하며 하느님의 의향대로 살기를 소망하는 성직자의 모습이 존경스럽다. 글을 통해 하느님의 뜻을 전하고, 이웃에게 사랑을 실천하며 늘 자신을 성찰하는 진정한 신앙인의 표양을 보여준다.

이근형 수필가는 유머와 위트로 다른 사람을 행복하게 해주는 행복 도우미의 아이콘이다. 그의 삶처럼 글은 밝고 긍정적이다. '세상의 어둠이 깊을수록 빛이 밝듯, 자신의 글이 어두움을 밝히는 등불이 되기를 바란다'라는 그의 소리가 독자에게 전달되어 웃음과 감동을 주리라 기대한다.

그는 자신의 인생에서 꼭 한 번쯤은 인생의 역전극이 펼쳐지기를 소망하고 있다. 이제 성직자의 정년을 마친 그가 첫 수필집 〈수필로 만나는 성경〉 발간을 계기로 인생의 역전 기회가 되기를 응원한다. 그가 바란 대로 인생의 역전극이 펼쳐지는 날, '비 쏟아지는 대낮에 밖에 나가 춤이라도 추고 싶다.'라는 소년 같은 모습을 지켜보고 싶다.

정삼수 | 상당교회 원로목사

자상한 목회자의 인도!

많은 신학자들은 한 말씀 한 말씀을 나누어 분석하기에 열심을 다하는데, 목회자인 저자는 역으로 그 귀한, 하나하나의 '말씀'을 편안하고, 간단하게 융합하여 한입에 넣어 주는, 지혜가 넘치는 글입니다. 고맙게도 한순간에 성경을 통독하는 귀한 은혜가 있습니다. 무척 자랑스럽습니다.

연제국 | 주중교회 목사

이근형 목사님은 시적인 감성이 풍부하고 어떤 문제 앞에서도 조급해 하지 않는 마음의 여유가 있습니다. 그렇게 넉넉한 심성과 깊은 영성에서 우러나오는 그의 글들은 언제나 마음의 감동을 선사합니다. 성경 66권을 각 책마다 두 글자로 제목을 정하고 그것을 이야기체로 풀어 간다는 것은 대단한 영적 통찰력이 아니고는 어려운 일이라고 봅니다. 이번 출간된 〈수필로 만나는 성경〉은 독자들로하여금 성경 속에 담긴 하나님의 마음을 읽을 수 있도록 안내할 것입니다.

작가의 말

"포도원에 들어가라"

스무 살에 들려와서 평생 '교회'라는 포도원에서 신나게 일했습니다.

"너도 포도원에 들어가라"

이 고마운 말씀, 강대상을 내려오는 시각에 또 듣습니다. 문단文壇으로 치면, 해거름 시각임에도 온전한 하루 품삯을 주시려는 부르심입니다. 그래서,

"〈수필 미학〉 신인상 수상을 축하드립니다"

수필가 등단 소식을 듣던 날부터 쓰기 시작한 품꾼의 첫 열매입니다.

이 책은 우리 교회 성도들이 힌트를 주셨습니다. 사순절 성경 통독 시간에 66권 중, 한 권을 읽을 때마다 질문에 답변하는 과정에서 책을 쓰는 게 좋겠다는 영감을 얻었으니까요.

그래서 성경 66권의 각 책마다 두 글자로 요약했습니다. 마침, 수필을 쓰고 있던 터라 아예, 수필의 옷을 입혀 보이기로 하였습니다. 본디, 수필은 자기 고백이 필수요, 감동이 없으면 예술이 아니지만, 성경 자체가 감동 아닌가요?

구약은 제 삶의 고백을 드문드문 투영하여 담담함을 유지했습니다.

신약은 대부분이 서신이란 점이 눈에 들어왔습니다. 복음서 역시 서신의 색채가 강하다는 점도 흥미로웠습니다. 그래서 신약은 수신자가 발신자에게 보내는 답신의 형태나, 독자가 기록자를 향해, 혹은 등장인물이 기록자에게, 아니면 독자가 다른 누군가에게 전하는 편지 형태를 취했습니다.

집필하는 근 1년여 동안 흡족한 미소로 응원해 준 아내, 신혜옥에게 사랑과 감사를 전합니다. 날카로운 지적과 큰 박수를 동시에 보내준 문우文友요, 동역자인 조영오 목사님께 감사드립니다. 평목회 붕우朋友들인 이창록, 주철희, 문영길, 이경용 목사님의 인정과 격려가 나를 우쭐하게 했습니다.

수필의 안내자 신금철 선생님과 느림보 이방주 선생님께 존경과 사랑을 드립니다. 무심수필문학회 회원의 격려는 내 문학의 키가 자라게 하는 성장판임을 고백합니다.

포도원 교회를 개척해 주신 김영태 목사님, 묵묵히 응원하고 기도해 주시는 평생지기인 포도원 교회의 성도님께 감사드립니다.

흔쾌히 추천사를 써주신, 장로회 신학대학교 총장 김운용 목사님, 한국 교단의 원로이신 박조준 목사님, 상당교회 정삼수 원로목사님, 속 깊은 응원자 주중교회 연제국 목사님, 출판을 위해 애써준 벗, 김성수 목사님께 깊은 감사를 드립니다.

나를 나 되게 하신 창조주 하나님, 예수 그리스도, 성령님께 큰절 올립니다.

2025년 여름이 가는 길목 포도원의 원두막에서
이근형

Contents

구약

신약

수필로
만나는 성경

구약

시작

얼마 전, 한 문학 단체 모임에서 소설가 한 분이 내가 목사임을 알고 말했다.

"목사님, 우리 형제 중에 목사가 셋이 있어요"

그분의 말은 그럼에도, 자신은 기독교 신앙을 갖지 않았다는 걸 자랑 비슷하게 말하고 싶은 눈치였다.

"아, 그러세요, 근데 선생님의 종교가 불교인 게 이상하네요"

"저도 그 점이 좀 신기해요"

마치 남의 얘기 하듯 그분의 이야기는 계속 이어졌다.

"저는 중학교 때까지는 교회를 열심히 다녔어요. 그런데 기도를 단 한 마디도 못하겠더라고요"

이렇게 펼치는 그 소설가의 불신不信체험기(?) 골자는 이랬다.

"목사님, 저는 창세기 1장 1절이 도저히 믿어지지 않아요"

그런 연유로 신이 존재하지 않는 것 같아서 믿어지지 않는 신을 향해 단 한 마디의 기도도 나오지 않더라는 것이었다. 그러다가 불교 집안에 시집을 오고 자연스럽게 불자佛者가 된 간증(?)이었다.

근데 마침 그날은 그분이 쓴 "우리는 하나"라는 동화책을 가져와 회원에게 나누어주었다. 그 책은 인체의 각 기관이 서로 유기적인 활동을 통하여 한 몸을 이루고 있다는, 어른인 우리가 읽어도 오묘한 인체의 신비를 느낄 수 있는 내용이었다. 그래서 내가 말했다.

"거 참, 신기하네요. 창조 섭리를 믿지 못하는 분이 어찌 이런 소우주라 할 수 있는 인체 신비의 책을 쓰셨을까요?"

그 소설가와 대화를 통하여 믿음이란 게, 특히 창조에 대한 믿음이 하나님의 선물임을 다시금 절실하게 깨닫게 되었다. 두꺼운 성경책 첫 페이지 첫 문장은 이렇다.

"태초에 하나님이 천지를 창조하시니라"

장엄하게 시작하는 창세기는 시작의 책이다. 시작의 주체는 하나님이다. 하나님의 존재 여부에 대하여는 아예 언급이 없다. 태초라는 시간에 관해, 천지라는 목적물에 대해, 창조라는 행위에 대한 어떤 설명도 근거도 제시하지 않는다.

그래서 나는 그 소설가에게 미국의 전도자 무디(Dwight Lyman Moody) 목사의 말을 인용해 말했다.

"창세기 1장 1절을 믿을 수 있다면 성경 전체를 믿을 수 있고, 그 말씀을 믿을 수 없다면 성경 전체를 믿을 수 없다는 유명한 말이 있죠"

나의 이 말을 듣고 그분은 고개를 크게 끄덕였다. 나는 믿으라는 뜻으로 말했는데, 그분은 자신의 불신이 정당한 것으로 받아들인 것이다. 나는 지금도 그분의 불신이 그저 신기하게 느껴질 뿐이다.

사도신경은 "나는 전능하신 하나님, 천지의 창조주 하나님을 믿습니다"로 시작하여 "영생을 믿습니다"로 마친다. 기독교 신앙은 창조에서 출발하여 영생으로 이어진다. 성경 66권의 첫째 책 창세기는 온 세상에 존재하는 모든 것의 시작을 알리는 책이다.

창세기에는 하나님이 창조하지 않은 죄의 시작도 보여준다. 천지 창조 후 하나님과 사람, 사람과 사람 사이에 아무런 거리낌이 없었다. 창세기는 죄가 인간 사이에 들어오기 전의 상태를 이렇게 말한다.

"아담과 그의 아내 두 사람이 벌거벗었으나 부끄러워하지 아니하니라"

이처럼 거리낌 전혀 없는 세상에 죄가 들어왔다. 죄가 들어오자 '벌거벗었으나 부끄러워하지 않았'던 인간은 부끄러움을 느끼고 하나님을 피해 숨었다. 하나님의 형상대로 피조 된 인간 세계에서 시작된 죄는 하나님과의 관계를 파괴했다. 하나님은 선을 창조하시고 죄는 관계를 파괴하는 걸 반복하여 보여주는 책이 창세기이다.

그러나 하나님은 새로운 관계를 시작하신다. 숨어있는 인간을 찾아내어 새로운 질서를 주시고 에덴을 떠나도록 하신다. 죄인을 심판하시는 자리에서 뱀으로 형상화된 죄의 세력을 물리쳐줄 존재, 즉 메시아의 등장을 예고하신다. 이것을 한마디로 말하자면 구원의 시작이다.

아담의 후손들은 폭력을 예찬하고 죽음의 역사를 써 내려가다가 급기야는 하나님의 진노로 홍수 심판을 받는다. 하나님은 인간과의 관계를 새롭게 시작하셨다.

지상의 삶을 이어가던 인류는 하나님만큼이나 높아짐으로 흩어짐을 면하자고 허황의 탑을 쌓아가다가 언어의 혼잡으로 쌓던 탑을 중단하고 말이 통하는 사람끼리 흩어진다. 이것 역시 하나님이 하시는 세상 모든 민족을 시작하시는 역사다.

다음에 하나님은 아브라함이라는 한 개인을 부르셔서 특정한 민족을 이룩하신다. 선민 역사의 시작이다. 이들도 고집스럽고 폭력적이고 음란하고 부도덕하다. 시조始祖 아브라함의 경우 그를 통해 큰 민족을 이루게 하시리라는 약속을 기다리지 못하고 여종과의 관계를 통해 부정의 아들을 얻는다. 그럼에도 불구하고 그의 나이 백 세가 되었을 때 약속대로 아들을 주심으로 하나님의 신실하심을 나타내셨다.

그렇게 태어난 아들의 이름은 웃음이라는 뜻을 가진 이삭이다. 그에게 쌍둥이 아들, 야곱과 에서가 태어났다. 두 아들은 모테 안에서부터 다투었다. 하나님은 야곱의 죄성을 가진 채로 가정을 이룩하며 열두 아들의 계보를 열두지파로 한 이스라엘 민족을 시작하게 하셨다. 야곱의 아들 요셉이 이집트에 감으로 형제들도 거기서 수백 년을 보내게 되는 과정에서 또다시 인간의 죄성은 여지없이 드러난다.

창세기를 보면 그렇게 추악한 인간의 굴레 속에서도 무언가 색다른 하나가 시작됨을 보여준다. 그것은 쓰레기 더미에서 장미꽃을 피우는 5월의 태양 같은 하나님의 사랑이다. 그러하기에 비록 죄투성이인 나도 하나님 안에 있는 영생을 의심하지 않는다.

과연 창세기는 복의 시작점을 알리는 책이 분명하다.

두근 두근!

홍수가 끝나면
맑은 하늘
한 해가 오면
뛰는 가슴
복 주시는 하나님

구속 救贖

영어로 발음하기 멋진 단어 “엑소더스(Exodus),” 스티브 맥퀸과 더스틴 호프만이 열연한 탈출 영화 〈빠삐용〉의 장면들도 생생하게 떠오른다. 그 영화의 매력은 억압으로부터의 자유를 향한 의지이다. 자유라는 단어는 인간 생존의 절대적 가치이다.

창세기에 이어 펼쳐지는 책, 출애굽기의 영어식 표제가 “엑소더스(Exodus)”다. 인간의 절대 가치인 자유를 향한 집단적 몸부림과 그에 저항하는 애굽을 응징하는 구원 과정의 기록이다. 서사의 내용은 역사이지만 그 역사는 무척 상징성을 띤다. 책 제목 그대로 애굽을 탈출한 이야기인데, 애굽은 인간을 사로잡고 죄와 죽음을 주는 사탄을, 이스라엘 백성은 구원이 필요한 인류를 상징하고 있다.

아브라함의 4대손인 요셉을 통해 애굽에 이주했던 야곱의 가족은 새로운 애굽의 왕이 등장할 당시에는 이미 그가 위협을 느낄 정도로 인구가 증폭했다. 두려움을 느낀 애굽 정부는 그들을 말살시킬 방도를 구하다가 아예 노예화하는데 이른다. 그즈음 히브리 민족의 아들로 태어난 아기가 영아 학살 정책에 두려움을 느낀 부모에 의해 강물에 버려졌다. 아기는 목욕하러 나왔던 애굽 공주에 의해 구출되었다. 공주는 강에서 구출한 아기 이름을 물에서 건졌다는 뜻으로 ’모세‘라고 지었다. 이것은 죽음의 강물에 던져진 인류의 구원을 상징하는 것이 아닐까.

모세는 자연스럽게 애굽의 왕자가 되었지만, 노예가 된 백성의 울부짖음은 극에 달했다. 수십 년 시간이 흐른 후 모세는 이스라엘 백성을 자유의 길로 인도할 지도자로 부름 받았다. 그러나 모세가 자신의 능력에 한계를 느끼며 주저하자 하나님은 그와 그의 형 아론에게 신 같이 보일 정도로 막대한 영적 능력을 부여하셨다.

이 모세와 아론은 용기를 가지고 애굽 왕 파라오에게 나아가 그들에게 자유를 줄 것을 요구했다. 애굽 왕이 단호하게 거절했고 모세와 아론도 물러서지 않았다. 모세와 파라오 사이에 밀고 당기는 줄다리기가 계속되는 과정에서 하나님의 신비한 능력이 열 가지 재앙으로 나타났다.

나일강물이 피로 변하거나 개구리가 온 땅을 덮는 등의 재앙 퍼레이드는 애굽인들이 섬기는 신들이었다. 하나님의 능력은 애굽 신들을 죽이는 게 아니라 과하게 하여 그들에게 그들의 신으로 말미암은 재앙을 느끼게 했다. 재앙의 정점은 열 번째로 사람은 물론 짐승까지도 애굽에 속한 맏자식은 모조리 죽음을 맞는 것이었다.

애굽 전역에 통곡이 퍼지던 날 밤, 이스라엘 백성은 죽음의 사신을 피할 수 있었다. 어린 양을 잡아서 그 피를 집 문설주에 바르면 그걸 본 죽음의 사자가 비켜 갈 것이라고 하나님이 모세에게 일러주셨기 때문이었다. 드디어 모세는 백성을 이끌고 애굽을 빠져나왔다. 그 후 추격해오는 애굽 군사가 있었으나 오히려 홍해의 기적으로 하나님의 능력을 더욱 체득하게 될 뿐이었다.

여기에 가장 깊은 기독교의 진리가 숨어있다. 가장 결정적인 열 번째 재앙에서 죽음을 면하는 길은 어린양의 피를 문설주에 바르는 것이었듯, 하나님이 보내신 예수 그리스도의 죽음과 십자가에서 흘린 보혈을 의지하는 것이 죽음에서 떠나는 길이라는 진리다.

흔히 기독교와 타 종교를 비교하는 가장 단적인 설명으로 자력 구원과 타력 구원의 차이점을 든다. 여타의 종교에서, 인간 구원의 길은 자신이 열심히 노력하여 득도하거나 어떤 경지에 도달함으로 얻게 된다는 자력 구원의 길이지만, 기독교는 그 반대라는 걸 출애굽기에서 극명하게 보여준다.

애굽이라는 멸망의 굴레에서 내가 아닌 타자, 즉 어린 양으로 은유 되는 그리스도가 대신 죽고 내가 그 죽음의 은택을 입어야 함을 직설한다. 애굽에 예속되어 노예살이하는 이스라엘 백성처럼 철저한 인간 무능의 상태에서 열 가지 재앙을 내리는 하나님의 힘과 어린 양의 죽음을 통해 입는 타력 구원의 진리다.

여기서 타력에 의해 구원을 받은 인간은 어떻게 살아야 하느냐의 과제가 따른다. 그래서 애굽을 탈출한 후 모세는 십계명을 비롯한 인간 삶의 율법서를 받아 그들에게 선포했다. 구원받은 후의 삶의 길을 제시한 것이다.

이어서 모세는 하나님과 인격적인 관계를 이어갈 예배 장소인 성막의 설계도와 재료 등에 관한 명령을 하나님께 하달받고 그대로 실천에 옮기는 것으로 출애굽기를 마친다. 출애굽기는 멸망해 가는 인간의 구원, 율법의 제시, 예배로 가는 노정의 역사적 서사다.

엑소더스라는 영어단어가 멋있기는 하지만 출애굽기의 표제로는 부적합하다. 출애굽기라는 말에는 능동적 뉘앙스가 있기 때문이다. 인간이 애굽을 탈출한 게 아니잖은가? 철저히 하나님 능력, 메시아가 죽음으로 대가를 치른 후, 대속을 통한 구원의 길을 가르친 책이다. 출애굽기는 탈출기가 아니라 구출기, 구속의 이야기다.

유년기적 추억 하나. 키우던 개에게 마당에 굴러다니던 두레박을 장난삼아 목에 걸었다. 거추장스러운 두레박을 벗어나기 위해 몸부림치면 칠수록 두레박이 개의 가슴을 쳤고 개는 비명을 지르며 점점 미쳐갔다. 이리저리 날뛰다 툇마루 구석에 웅크린 개에게 조심스레 다가가 두레박을 벗겨주었다. 개는 곧 흥분을 가라앉히고 몸을 털며 정상을 찾아 꼬리치며 다가왔다. 개가 자력으로 찾을 수 없는 평온을 순전히 내가 베풀어 준 것이다.

이제껏 살아온 내 삶의 궤적에는 하나님의 절대 능력, 예수님의 죽으심에 의한 구속이 강물처럼 흐른다. 율법은 성경이고, 나의 성막은 교회라는 간단한 삶을 살았다. 그러기에 앞으로 다가올 육체 죽음 너머의 시간에도 두려움의 애굽이 나에게는 없다.

거룩

인간 욕구의 단계를 연구한 존 매슬로우라는 미국의 심리학자는 인간의 욕구를 다섯 단계로 나눈다. 첫 단계는 결핍을 채우려는 욕구, 둘째는 생리적 욕구, 셋째는 안전의 욕구, 넷째는 사랑과 사회적 욕구, 그리고 자아 성취의 욕구이다. 이 이론은 재미있게도 창세기와 출애굽기 레위기에 나타난 인간의 창조, 구속, 성숙의 단계를 유추하게 한다. 물론, 순전히 내 개인적인 감상일 뿐이지만.

보라, 성경 첫 번 번째 책인 창세기는 '생육하고 번성하여 땅에 충만하라'는 하나님의 선언이 인간에게 '결핍 없이' '생리적 기본 욕망'에 부족함이 없는 세상을 시작하셨음을 보여준다. 출애굽기는 죄악 세상에서 고통 하는 인간의 '안전에 대한 욕구'를 해결하는 구속사가 펼쳐지고 이어서 하나님과의 관계를 이어나가는 방향을 제시했다.

애굽에서 신음하던 백성을 구속하여 광야에까지 이르게 하신 하나님은 구름 기둥과 불기둥으로 시나이 광야에서 집단 노숙을 하는 그들의 안전을 지켜주며 아침마다 '만나'라 하는 하늘 양식을 내려 먹이셨다. 그러나 그들은 광야에서 하나님을 몹시 실망케 했다. 그런 인간에게 하나님은 모세를 통하여 하나님을 사랑하며 사는 방법, 율법을 주신다.

레위기는 이렇게 애굽을 나와 광야 노정 중인 하나님의 백성이 온전히 하나님과 함께, 이웃과 함께 살아가는 거룩한 삶의 지표를 준 교과서다. 교과서의 이름이 레위기인데, 레위라는 단어는 연합이다. 즉 인간이 하나님과 연합, 하나 됨을 이룩해야 제대로 된 삶이라는 걸 가르치는 책이다. 그리고 사람이 하나님과 하나 되는 길은 하나님이 거룩하신 분이기에 인간도 거룩해야 한다는 걸 가르친다. 굳이 매슬로우의 인간 욕구 단계에 맞추자면 거룩한 삶이야말로 자아실현의 최종 단계에 이르는 것이다.

레위기에서 주목할 단어는 '거룩'이다. 거룩이라는 단어 히브리어 "카도쉬"는 "특별하다" "구별 되었다"는 뜻이다. 하나님이 거룩하시다 할 때, 하나님이 창조하신 대자연과 구별되었고, 대자연에 견줄 수 없는 특별하신 존재라는 의미이다. 물론 하나님을 섬기는 인간과도 완벽하게 다른 존재, 특별하게 구별된 존재다. 나아가 인간이 두려움을 느끼는 태양이나 달 별과 같은 우주의 존재물이나 이 땅의 식물이나 동물 같은 피조 세계의 어떤 것과도 견줄 수 없고 그래도 안 되는 유일의 특별하신 분, 거룩하신 분이 여호와 하나님이시다.

레위기에서 거룩하신 하나님이 인간에게 이렇게 말씀하신다.

"너는 이스라엘 자손의 온 회중에게 말하여 이르라 너희는 거룩하라. 이는 나 여호와 너희 하나님이 거룩함이니라"

이 한마디의 거룩 명령은 피조물인 인간에게 주시는 가장 큰 영광이다. 신학자들의 말에 따라 하나님은 인간과 절대 다르신 분, "전적 타자"이신데, 그분이 흙으로 빚어 그분의 생기를 불어넣어 창조하신 인간에게 하나님의 속성인 거룩한 존재가 되라고 명하셨으니 그 황송함을 어찌 말하랴!

그래선가, 아마도 그래서일 것이다. 레위기는 세상의 속된 정서로 느끼려 할 때 너무나 재미없다. 제사 드리는 법, 제사 드리는 경우, 제사에 사용될 제물, 제사 드리는 장소, 시간, 제사 드리는 평민과 제사장에 관련된 이야기로 일관된다. 물론 간간이 제사와 관련한 인간들의 일화가 나오긴 하지만 그다지 흥미롭지는 않다.

나의 경우, 레위기는 성경을 통독하려는 각오를 중단하게 만드는 심각한 허들이 될 때가 많았다. 창세기에서 온 세상이 약동하며 가슴 설레는 시작의 이야기를 읽고 출애굽기에서 드라마틱한 역사의 장면을 목격했는데, 갑자기 율법적 교과서 레위기를 만나는 순간 그만 졸음이 오고 앞으로 창창하게 펼쳐질 성경을 덮은 적이 여러 번 있었다.

해마다 고3 학생들의 수능 시험이 치러지고 우수한 성적을 낸 학생들의 체험기가 공개된다. 그때 단골로 등장하는 소감 가운데 이런 것들이 있었다.

"저는 교과서에 충실했습니다"

아마도 교육 관계자들이 교과서의 소중함을 알리고 싶어 그 학생과 모종의 약속을 한 의도된 언급일지 모른다. 그렇지만, 교과서의 중요성은 아무리 강조해도 지나치지 않은 것. 교과서를 무시하고 잡다한 것들을 의지한 학생이 과연 제대로 된 인성을 갖추기는 어려울 것이다. 재미 여하를 떠나 교과서는 소중한 것이다. 레위기에 감각적 흥미가 덜하다고 외면하고도 깊은 신앙을 갖기는 어려울 것이다.

만약 신앙생활에도 수능 같은 시험이 있어서 높은 성적을 얻은 누가 있다면 그도 이같이 말할 것이다.

"저는 성경 말씀, 하나님의 제시하신 교과서에 충실했습니다."

레위기를 읽는 누구라도 거룩하신 하나님 앞에 선 나약한 인간이 훈련하는 자세로 겸허하게 인내하며 제사법 뒤에 숨은 예배의 정신을 신앙 인격에 새겨야 할 것이다. 자신의 삶이 거룩하신 하나님 앞에 드려질 거룩한 제물이 되기까지.

넌 누구냐?

거북이냐
거북이 같이
보이는 돌이냐
나는
거룩한 사람인가
거북한 사람인가

훈련

여름이면 으레 현관 출입문 유리창에 찾아오는 불청객이 있다. 새벽 기도를 위해 교회 문을 여는 순간 시퍼런 몸을 손잡이에 떠억 붙이고 마치 제집이라도 된 양 폼을 잡은 놈이다. 버마재비를 아는가? 범의 아재비, 즉 호랑이의 아저씨만큼이나 사납다는 뜻이다. 핸드폰을 꺼내어 사진 찍으며 요리조리 살펴보면 생겨 먹은 게 살벌하다. 놈은 성질도 고약해서 동족을 잡아먹기도 한다니 흉악한 외모에 걸맞게도 이름에 '마귀'라는 글자가 붙었다. 당랑거사螳螂居士라고도 한다. 제 앞에 다가오는 수레에 도도히 맞선 모습 때문에 지어졌다니 상상이 된다. 역삼각형의 대가리에 갈퀴 같은 손과 발이 밉지만 웃음 나도록 귀엽다. 실은 그 성깔보다 놈의 강한 능력을 부정할 수 없는 곤충 사마귀다.

사마귀처럼, 지구상에서 꿀리지 않는 당당함과 엄청난 군사력, 지식의 능력을 갖춘 민족이 유대인이라면, 제대로 된 비교일까? 구약의 네 번째 책 민수기를 읽다 보면 지금의 이스라엘이라는 국가가 이토록 강한 민족이 된 이유를 짐작하게 된다.

지금부터 3천 5백 년 전쯤이다. 당시 이스라엘 민족은 모세가 애굽에서 이끌고 나와 하나님이 그들의 조상 아브라함에게 약속하신 가나안 땅을 향해 가는 중이었다. 그들이 목적지로 향하는 기간은 보통의 걸음으로 사십일 정도 걸리는 거리였다. 그런데 사십 년을 걸으며 그 시나이반도 한복판에서 노숙하며 이리저리 방황했다. 이유가 있었다.

애굽을 빠져나온 민족이 가데스 바네아라는 지역에 머물렀을 때였다. 거기서 모세는 하나님의 명을 따라 중요한 미션(Mission)을 제시했다. 열두지파의 수장들을 불러 그들이 가서 차지할 가나안땅을 살펴보고 오도록 했다. 그런데 40일 동안 미션을 수행하고 온 대표들의 반응이 엇갈렸다. 열두 명의 대표단 중 열 명의 보고가 이랬다.

"우리는 그 땅을 차지하기 어렵다. 거기는 땅에서 엄청나게 좋은 것들이 생산되는 곳이지만 거한들이 살고 우리는 그들에 비해 메뚜기 같더라. 거기 가면 우리는 죽는다. 애굽으로 다시 돌아가자."

이 말에 이스라엘은 집단적 절망감에 빠져 통곡이 이어졌다. 그때, 다른 두 명의 대표가 분개하며 말했다.

"아니다. 하나님이 우리를 사랑하셔서 이곳으로 나오게 하셨고 우리에게 그 좋은 곳을 보여주셨다. 하나님이 우리를 사랑하시면 그들은 우리의 먹거리에 불과하다. 치고 올라가자"

극명한 두 반응을 보신 하나님은 부정적 보고를 한 열 명의 수장들을 재앙으로 죽인 후 사십일 걸리는 거리를 사십 년 지내게 하시며 이스라엘 민족을 훈련 시키셨다.

원래 민수기라는 말은 백성의 수효를 세었다는 뜻이다. 그러나 민수기는 단순한 인구 조사의 기록을 넘어 그 많은 수의 백성을 광야에서 훈련 시킨 프로그램의 서사다.

민수기를 열면 인구 조사 데이터에 나타난 그들의 규모를 짐작하게 한다. 그리고 전열을 정비하고 행정적 초치들을 취한다. 민초들 사이에 있을 수 있는 윤리적 법적 해결을 위해 율례와 규례와 법도도 제시하지만, 금반지 복판에 다이아몬드와 같은 축복의 메시지가 있다.

"여호와는 네게 복을 주시고 너를 지키시기를 원하며, 여호와는 그의 얼굴을 네게 비추사 은혜 베푸시기를 원하며, 여호와는 그 얼굴을 네게로 향하여 드사 평강 주시기를 원하노라"

나는 평소 주일예배를 마치며 드리는 축복기도를 격년으로 구약 민수기의 이 말씀으로 해왔다. 예배 시간에 있었던 여러 상황이 이 축복의 말씀으로 마무리되는 순간 다시 마음에 행복감이 들어오곤 했다.

민수기는 이 같은 하나님의 따뜻한 사랑을 받으며 강한 민족으로 혹독히 훈련한 내용으로 일관한다. 그들의 조상들이 사십 년 광야에서 고난의 행군을 하며 불신과 불만에 따른 징계, 기적의 체험과 전쟁, 내우외환을 겪으며 하나님을 몸으로 직접 체득했다. 그래서일까? 현대의 유대인들은 굳이 설명하고 예시를 들 필요도 없이 한마디로 '강하다'는 데는 모두가 동의한다.

교회의 중요 당직자도 함께 있는 성경 공부시간이었다. 민수기에 등장하는 역사적 사실 중, 가나안 땅을 조사하고 온 열두 명의 수장 가운데 긍정적인 보고를 한, 두 사람, 갈렙과 여호수아 말고, 부정적인 보고를 한 수장들 실명이 민수기에 기록되었느냐고 물었다. 대답은 일제히 '없습니다'였다. 그래서 이름이 기록된 장을 펼쳐주어 직접 함께 읽으며 줄줄이 그 열 개의 실명들을 확인했다.

성경공부 참석자들이 성경에 무지해서가 아니다. 하나님의 역사에 부정적 시각을 가지고 불평하다가 재앙으로 죽은 자들을 기억해서 뭣하랴. 하나님의 선한 역사를 믿고 복 받은 사람 이름만 기억하기도 벅차지 않은가. 성경에 이름이 분명히 기록되었으되 철저히 잊혀진 그들은 스스로를 메뚜기라 격하했다. 그러나 여호수아와 갈렙은 그 거한들을 먹거리 정도로 치부하며 스스로를 하나님이 사랑하시고 복 주시는 버마재비로 믿고 당당하게 가나안을 향했다. 믿음의 힘과 부정의 힘은 이렇게 다르다.

버마재비로 살 것이냐, 메뚜기로 살 것이냐는 하나님이 제시하는 훈련을 어떻게 맞이하느냐에 달렸다.

05. 신명기

신명 神命

그는 행복했을까? 그는 백수百壽를 훨씬 넘겨 살았다. 기력이 쇠하지도 않고 눈도 흐리지 않은 채였다. 초강국 애굽에서 피압박의 민족으로 태어나 핏덩이인 채 강물에 버려졌지만, 그를 버리도록 강요한 나라의 왕자로 40년, 궁을 탈출해 히브리 족속의 목부로 40년을 초야에 묻혀 살았다. 80살이 되어 하나님의 부르심으로 민족 지도자가 되었다. 하나님이 그에게 주신 미션(Mission)은 "내 백성을 가게 하라"였다

그 명에 복종하여 그는 애굽에서 노예살이하는 백성을 이끌고 하나님이 조상 아브라함에게 주리라고 약속하신 땅을 향하여 걷고 또 걸었다. 무려 40년, 그의 나이가 백 이십이 된 어느 날, 느보산 꼭대기에 이르렀다. 조금 힘을 내면 훤히 내려다보이는 가나안이다. 손에 잡힐 듯한 젖과 꿀의 들녘으로 들어가고 싶었다.

거기 머물러 그는 백성과 함께했던 광야 40년을 회고하면서 유언과도 같은 말들을 남겼다. 그 어록이 구약 다섯 번째 책, '다시 넓게 펼치다'는 한문 뜻의 신명기申命記다. Deuteronomy라는 영어 제목은 '두 번째로 말하다'는 뜻이 내포된 단어다. 모세가 광야에서 백성을 이끄는 과정에서 목숨처럼 여기며 설파했던 말들을 '가나안 땅으로의 진입'이라는 역사의 매듭을 짓는 시점에 '다시' 펼친 것이다. 핵심은 이것이다.

"이스라엘아 들으라. 우리 하나님 여호와는 오직 유일한 여호와이시니, 너는 마음을 다하고 뜻을 다하고 힘을 다하여 네 하나님 여호와를 사랑하라. 오

늘 내가 네게 명하는 이 말씀을 너는 마음에 새기고 네 자녀에게 부지런히 가르치며 집에 앉았을 때에든지 길을 갈 때에든지 누워 있을 때에든지 일어날 때에든지 이 말씀을 강론할 것이며 너는 또 그것을 네 손목에 매어 기호를 삼으며 네 미간에 붙여 표로 삼고 또 네 집 문설주와 바깥 문에 기록할지니라"

이 구절의 맨 앞 동사, '들으라'는 그들의 언어로 '쉐마'인데, 이 동사가 오늘까지 수천 년 유대인의 정신적 근간으로 자리하고 있다. 이렇듯 신명기는 하나님을 사랑하는 것만이 인생 최고의 가치라는 점을 반복하여 강조한다. 단순한 명령이 아니라 그들의 광야 여정을 상기시키며 증명한다.

"너를 낮추시며 너를 주리게 하시며 또 너도 알지 못하며 네 조상들도 알지 못하던 만나를 네게 먹이신 것은 사람이 떡으로만 사는 것이 아니요, 여호와의 입에서 나오는 모든 말씀으로 사는 줄을 네가 알게 하려 하심이니라"

이 구절은 신명기가 기록된 지 천오백 년 후 예수님이 마귀에게 '돌이 떡이 되게 하라'는 유혹을 받았을 때 즉각 반론으로 제기하여 마귀를 이긴 말씀이다. 명은 이렇게 이어진다.

"이 사십 년 동안에 네 의복이 해어지지 아니하였고 네 발이 부르트지 아니하였느니라. 너는 사람이 그 아들을 징계함 같이 네 하나님 여호와께서 너를 징계하시는 줄 마음에 생각하고 네 하나님 여호와의 명령을 지켜 그의 길을 따라가며 그를 경외할지니라. 네 하나님 여호와께서 너를 아름다운 땅에 이르게 하시나니 그곳은 골짜기든지 산지든지 시내와 분천噴泉과 샘이 흐르고 밀과 보리의 소산지요 포도와 무화과와 석류와 감람나무와 꿀의 소산지라. 네가 먹을 것에 모자람이 없고 네게 아무 부족함이 없는 땅이며 그 땅의 돌은 철이요 산에서는 동을 캘 것이라. 네가 먹어서 배부르고 네 하나님 여호와께서 옥토를 네게 주셨음으로 말미암아 그를 찬송하리라"

"말씀을 실천하라, 그러면 복"이라는 단순하고 강한 어조로 듣는 이를 사로잡는다. 그래서 신명기申命記는 하나님의 명 즉, 신명神命의 서사적 언술이기도 하다. 모두 34개 장으로 구성된 책이 처음부터 같은 주제와 소제로 일관하니 레위기를 읽을 때처럼 좀 지루하다. 그러나 레위기를 법전法典이라 한다면 신명기는 변론서나 권고문이라 할까. 준엄하지만 설렘도 갖게 한다. 33장에서 결론인 듯 내리는 선언을 들어보면,

"이스라엘이여 너는 행복한 사람이로다. 여호와의 구원을 너 같이 얻은 백성이 누구냐. 그는 너를 돕는 방패시요 네 영광의 칼이시로다. 네 대적이 네게 복종하리니 네가 그들의 높은 곳을 밟으리로다"

어떻게 보면 신명기는 모세의 체험담일 수 있다. 그가 인생을 살아보니 하나님의 명을 따라 사는 것이 가장 안전하고 평온하고 성공적이었다는 신앙 고백이기도 하다. 그는 그토록 들어가고 싶었던 가나안을 바라보기만 했을 뿐, 느보산 부근의 모압에서 백 이십 살에 고요히 눈을 감았다.

나는 단언한다. 그가 행복하게 살다가 행복하게 숨을 거두었다고. 죽는 순간에도 기력이 쇠하지 않았다거나 그의 필생 사역을 무난히 마쳤기 때문이기도 하겠지만, 가나안보다 형언할 수 없이 더 좋은 이생의 요단 저 너머로 보이는 곳을 보았을 것이기 때문이다. 신명神命을 충실히 지킨 자는 영원세계를 신명 나게 바라볼 수 있으니까.

며칠 전, 컴퓨터에 연결해서 쓰는 복사기를 교체했다. 기계치에 가까운 나를 위해 안수 집사님이 이리저리 설명서에 맞추어 단시간에 완료했다. 한낱 기계도 설명서를 잘 따르면 인간의 이기적 목적에 순응하여 준다. 신명을 제대로 따르면 인생이 술술 풀려나가게 되어있다는 행복의 교과서가 신명기다.

근 몇 년 동안 나는 목회를 은퇴하는 시점에서 많은 고민과 기도 속에 있었다. 모세처럼 아름다운 뒷모습을 남겨야 한다는 강박에 가까운 미션 때문이었다. 이걸 수행할 비결은 나에게 임한 신명을 어떻게 따르느냐에 있다. 내가 평생 목양해온 교회가 내 은퇴 후에라도 젖과 꿀의 가나안을 차지해야 한다. 이 시점에서 내가 남겨야 할 한마디는 '신명神命 따라 살면 인생이 신명난다'는 한마디뿐이다.

실은 목회라는 광야를 넘어 펼쳐질 가나안 같은 여생에도 하나님이 내게 하시는 말씀이다. 앞으로 펼쳐질 내 육체의 기력이 모세 같을지, 새로운 소명이 어떻게 다가올지 그건 모른다. 그저 하루하루를 신명 따라 살다 보면 저 영원의 나라에 가기까지 하루하루가 신명 나게 펼쳐지리라. 그래, 맞다. 아멘이다.

'신명神命따라 사는 인생, 그것이 신명 나는 인생이다'

옥토를 그리며

젖과 꿀이
흐르리라
물같이 햇볕같이
세초부터
세말까지

06. 여호수아

정착

"아, 그리고 전도사님, 우리 교회에 주공아파트 열 세평 짜리 사택이 있는데 좀 불편하시더라도 양해해 주세요."

전화를 끊으며 나는 속으로 쾌재를 불렀다. 결혼 후 신학교 부근의 시장통 골목에 있는 서너 평의 쪽방에서 교회를 옮길 적마다 단칸방을 전전하던 우리 부부가 드디어 아파트 독채로 이사하게 되었는데, '불편'은 무슨?

대학 졸업 후 신학교를 입학하며 동시에 결혼한 우리 부부에게 너른 방은 사치였다. 내가 받는 교육전도사 사례금과 아내가 유치원 교사로 받는 월급으로는 월세 쪽방살이하는 것만으로 감지덕지한 일이었다. 내가 유독 가난했기 때문이 아니라 1980년대 동료 신학생들의 사정이 대부분 그랬다. 신학교를 졸업하고 전임 전도사가 되어 사례금이 좀 많아져 살림방의 평수를 늘리거나 사택이 있는 교회에 부임하게 되면 큰 부자라도 된듯한 느낌이 들던 시절이었다.

나도 그랬다. 신학교를 졸업하던 해 수원 어느 교회에 전임 전도사로 청빙받았다. 나를 불러주는 담임목사님이 전화로 그 교회에 사택이 있음을 알려주었다. 목사님은 좀 미안한 듯한 목소리였지만 나에게는 기쁨의 찬송이 흘러나오는 순간이었다. 결혼 후 드디어 월세를 내지 않고 독채로 된 집에 살게 되었다는 게 얼마나 감개무량했는지. 우리 부부를 싣고 서울에서 수원으로 향하는 교회 셔틀버스는 날아가는 듯했다.

구약의 여섯 번째 책인 여호수아서의 이스라엘 백성도 그랬을까? 그보다 천배 만배였을 것이다. 그들은 쪽방 정도가 아니라 아예 집단 노숙 생활, 그것도 한두 해가 아니라 장장 사십 년이었으니까.

여호수아서의 시작은 "여호와의 종 모세가 죽은 후에"로 한다. 여호수아는 모세의 사역을 이어받은 지도자다. 모세는 가히 불세출의 지도자였다. 그가 사십 년 넘게 지도해 온 백성이 여호수아에게는 생경했다. 무거운 부담감으로 책무를 이어받는 순간 하나님은 강한 자신감을 불어넣어 주셨다. 오직 여호와의 율법을 묵상하며 흔들림 없이 말씀의 방향대로 가면 그가 밟는 모든 땅을 주시고 형통하리라고.

그에게는 하나님이 그들의 조상 아브라함에게 주리라고 약속하신 가나안 땅을 정복하여 열두지파에 분배하여 이스라엘 민족을 가나안 지역에 정착시키라는 임무가 주어졌다. 이런 그의 임무 수행 과정을 기록한 책이 여호수아서이고 그 정착의 과정을 보노라면 우리 인생에 가장 중요한 것이 무엇인가를 알게 된다. 요단강을 홍해 건너듯 건널 때, 요단강을 건너자마자 남성들이 집단 할례를 받을 때, 여리고 성을 함락할 때, 그리고 작은 정복 전쟁에 실패할 때, 승리는 승리대로 실패는 실패대로의 의미가 학습되었다. 학습된 의미라는 건 하나님 말씀에 철저히 순종했느냐 아니냐였다. 순종의 결과는 승리요 불순종은 패배와 낙담이었다. 순종의 힘이 얼마나 큰 위력을 발휘하는지 여호수아를 읽으면 알게 되는 진리다. 그는 액면 그대로 믿고 듣고 실천했다.

정복한 땅을 분배하는 과정도 그랬다. 하나님은 여호수아에게 백성의 대표들이 정복한 땅의 지도를 그려오게 하고 각 자파의 인구수에 비례하여 나누어주되 제비뽑기 방법을 택하게 하셨다. 고대 사회에서 제비뽑기는 하늘의 뜻을 묻는 중요한 방법인데 거기에는 결과에 승복한다는 대전제가 있다. 여호수아와 그 백성들이 하나님의 뜻에 절대 순종했음을 알 수 있다.

여호수아는 또한 성실했다. 그는 아침에 일찍 일어나 하나님의 음성을 들으며 그 메시지를 백성에 전달하고 그들을 돌아보는가 하면 사람들의 말에 귀를 기울여주는 신중파였다. 자신의 후배인 갈렙의 기개에 찬 음성을 듣고 험악한 헤브론 산지 정복을 차지하도록 허락했고 땅 분배 과정에 이의 제기하는 지파의 청을 들어주었다. 그에게는 대화의 기술과 타협의 지혜도 많았다.

그는 백 십 세에 죽었다. 보통의 독자들에게 청년 이미지로 기억되고 있으나 그의 활동했던 시기는 노년기였다. 애굽에서 태어나 육십 살쯤에 출애굽 대열에 합류했고 백 살 즈음에 지도자로 올라서서 십여 년 동안 요단강을 건너 가나안 땅을 싸워서 정복하고 분배하여 정착시키는 일을 수행하던 중 숨을 거두었다.

생각해 보면 많이 부끄럽다. 신학교 시절 소명감에 눈을 질끈 감고 불렀던 찬송이 "부름받아 나선 이 몸 어디든지 가오리다"가 아니던가, 아골 골짝 빈 들이며, 소돔 같은 거리에도 사랑 안고 찾아가리라는 찬송은 어디 가고 출발부터 넓은 집을 선호하고 좋은 조건을 기웃거렸을까. 사십여 년 목회의 마감 시간을 앞두고 나는 무엇을 순종했으며, 어떤 지혜가 있었으며, 얼마나 성실했을까를 반추해 본다. 내 속에 그토록 흠모했던 멋진 지도자, 젊은 날에 매료된 내 가슴 속 '청년 여호수아'는 어디로 갔을까. 나는 하나님의 영토에 성도들을 얼마나 안정되게 정착시켰을까. 그들 영혼에 젖과 꿀이 흐를까. 설령 미흡하더라도 낙심할 수는 없다. 여호수아도 완전 정착은 완료하지 못한 채 생을 마감하지 않았던가. 그는 유언같은 말을 이렇게 남겼다.

"만일 여호와를 섬기는 것이 너희에게 좋지 않게 보이거든 너희 조상들이 강 저쪽에서 섬기던 신들이든지 또는 너희가 거주하는 땅에 있는 아모리 족속의 신들이든지 너희가 섬길 자를 오늘 택하라 오직 나와 내 집은 여호와를 섬기겠노라"

이 말은 그의 결단이기도 하지만 우상의 유혹에 자주 빠졌던 백성들이 미덥지 못하여 던지는 당부요 강요이기도 했다. 만약 내 은퇴의 변을 발언할 순간이 온다면

"오직 나와 내 아내는 여호와를 섬기겠습니다"

라고, 여호수아의 말을 인용하여 유언적 고백으로 해야 할까? 나도 은퇴 후의 나 자신과 성도들이 아직은 미덥지 못하니까.

07. 사사기

혼란

'드르륵' 교실 문이 열렸다. 아이들이 '우당탕탕' 제자리로 돌아가 자리에 앉으며 난장판 같던 교실은 조용해졌다. 출석부를 옆에 낀 선생님이 흠흠 무슨 냄새를 맡으며 인상을 찡그리다 정색하고 교탁에 섰다. 도시락을 먹은 직후라, 찝찔한 반찬 냄새와 아이들이 레슬링을 하고 이리 뛰고 저리 뛰어 먼지가 유리창을 투과한 햇볕에 부옇게 보였다. 교실은 글자 그대로 난장판이었다. 선생님이 교실에 들어오시기 전까지는.

사사기는 내가 다니던 중학교 교실의 점심시간 같다. 혼란한 역사의 수레바퀴를 보여주는 책이다. 지도자 여호수아에 의해 가나안을 정복하고 지파별로 분배하며 정착해 가던 이스라엘은 제대로 된 통치 체계를 갖추지 못했다. 여호수아가 죽을 때까지 완전히 정복하지 못한 지역을 차지하기 위하여 전투를 벌이는 이야기로 사사기는 시작 된다

마침내 정착이 다 끝났다. 그러나 시간이 흐르며 외적의 침략을 받아 수탈당하고 지배를 받는 지역이 생겼다. 그때마다 외적을 물리치고 난세를 평정한 용사가 있었는데 그를 일컬어 사사라 했다.

히브리어로 사사를 쇼페팀이라 하는데 판관이라는 뜻이다. 난세를 일단 평정한 후 백성을 재판하는 자리에 있었다는 뜻인데, 정작 성경 내용에는 재판하는 내용은 없다. 한문으로 선비 사(士)자에 스승 사(師)자를 쓰는데, 그들의 어디서도 선비적 기품이나 스승 같은 모습은 보이지 않는다. 우리말로 번역될 마땅한 말이 없었지 않나 싶다.

지금부터 3천 5백 년 전 우리나라의 강원도 넓이만 한 영토 이곳저곳에서 벌어진 전투에는 이유가 있었다. 모세로부터 일관되게 우상을 멀리하라고, 이 세상에 하나님 외에는 참 신이 없다고 강조하여왔지만, 인간은 눈에 보이는, 이미지가 느껴지는 신을 자꾸만 향하였다. 그럴 때마다 하나님은 징계의 방법으로 인접한 외적의 침략을 받게 하여 고통당하고 스스로 깨닫고 뉘우쳐 회개하게 하셨다.

백성들이 하나님을 진노케 한 죄를 깨닫고 회개하고 부르짖을 때마다 어김없이 용서하시는 방법으로 사사를 보내어 평화를 찾아 일정 기간 다스리게 하는 역사의 수레바퀴를 기록한 서사序詞가 사사기인 것이다. 모두 열두 명의 사사가 출몰한다는 건 열두 번의 집단적 죄악과 그에 따른 징계, 회개와 용서의 반복이었다는 빙거憑據다.

사사들의 활동상과 그 시대상을 읽다 보면 '19금禁'이라는 수위 조절 안내 딱지를 붙야 할 것 같다. 일테면, 칼로 적장의 배를 찔러 엉기는 묘사, 여인이 던진 돌에 두개골을 깨뜨리는 장면, 한 장소에서 형제 칠십 명을 학살하는 이야기, 하나님께 부여받은 능력으로 경솔하게 힘자랑을 하고 여성들을 성적 노리개로 삼는 서사들이다. 또 집단 강간, 토막 살인, 인신人身제사, 복수심으로 벌이는 내전, 일일이 열거하기 민망할 정도의 잔인무도함을 그대로 보여준다.

이렇듯 사사들 대부분이 무자비하거나 교활하거나 경솔하고 음란하기도 하여 추한 모습들인데, 하나님은 왜 그런 자들을 민족을 위기에서 구원하는 사사로 부르셨을까.

"그때에 이스라엘에 왕이 없으므로 사람이 각기 자기의 소견에 옳은 대로 행하였더라"

왕이 없었기에 윤리와 도덕을 제시하는 이가 없었고, 제 소견에 옳은 대로 하다 보니 자신의 행동이 기준이 되었다. 인간들이 제 소견대로 행동하는 사회, 무질서가 판을 치고 인간의 고아한 성품을 찾아보기 어려운 지경이었다.

하나님은 사사들을 부르실 때 그에게 특출난 힘을 주셨지만, 그들은 부여받은 힘을 속되게 사용하였다.

사사기는 중학생 점심시간처럼 혼란스러운 교실에 문이 드르륵 열리며 선생님이 들어오는 것처럼 하나님이 혼란한 역사에 개입하시는 순간 평정을 찾는 내용이다. 거룩하신 하나님은 그들을 다스리는 실체적 전능 왕이었다. 하나님은 선하지 못한 리더들을 세워서 무려 삼백 수십 년을 그들이 유실되지 않도록 선한 역사를 쓰셨다. 역사의 아이러니다.

가수 한영애가 부른 '조율'이라는 노래의 한 토막, "잠자는 하늘님이여 조율 한번 해 주세요"라는 가사가 떠오르는 요즈음, 하나님이 지금 주무시지 않고 계심을 믿으며 이 역사에 반드시 개입해 주십사고 마음으로 기도한다. 이런 난국에 잘 참고하라고 사사기를 우리에게 주셨을 테니까.

아침이 오는 길

밤이 사라진 길에서
그가 내게로 온다
나는 하늘을 보면 되고
꽃은 단장할
필요가 없다

08. 룻기

인애仁愛

한 여인이 고향을 떠났다. 흉년을 피해 남편을 따라 떠난 곳은 이스라엘에서 개처럼 여기는 족속의 모압 땅이었다. 그러나 거기서 도리어 그녀가 개보다 못한 신세가 되었다. 얼마 안 되어 남편이 죽고 그곳 여인에게 장가든 두 아들마저 죽었다. 출향出鄕 십 년 만에 기구하게도 세 과부만 남게 되었다.

나오미라는 여인의 본격적인 인생사는 여기가 시작이다. 어느 날 떠나온 고향의 풍년 소식이 들렸다. 두 며느리를 데리고 고향으로 가던 길에 마음이 지극히 슬픈 시모 나오미는 젊은 자부들의 미래를 생각하여 각자의 친정집으로 돌아가라고 간곡히 말했지만 룻이라는 자부는 시모와 죽을지언정 함께 하겠다고 울며불며 붙좇았다.

그때부터 인생 2막이 펼쳐진다. 뭉개진 여인들의 인생에 나오미의 고향 베들레헴의 거부巨富이며 젠틀한 남자 보아스가 등장한다. 효심 가득한 룻은 나오미를 봉양하며 먹고 살기 위해 보아스의 밭에서 추수기의 이삭줍기를 하고 있었다. 자신의 밭에서 룻을 우연히 만난 그는 젊은 과부인 그녀에게 특별한 관심을 보여주었다. 시시껄렁한 남자들로부터 신변을 지켜주는가 하면, 그의 밭에서 이삭을 많이 거둘 수 있도록 특별히 배려하고 보리 이삭을 그녀의 허리춤에 넉넉히 담아주었다. 그는 그녀가 지극정성으로 시모를 섬긴다는 소문을 들었던 터였다고 하며 여러 말로 따뜻이 위로하고 축복의 말을 전했다.

나오미는 그가 자신의 전남편의 일족이며 가계혼家系婚이던 당시 룻의 남편이 될 수 있음도 알려주고 적극적으로 재혼 방법까지 일러줬다. 룻은 시모의 말을 따라 타작마당에서 얼근히 취해 잠들어있는 보아스에게 다가가 자신의 마음을 적극적으로 전하였다. 보아스는 즉시로 룻의 자존감과 여성의 체면을 손상하지 않도록 세심하게 마음 써 주었다. 결혼 풍습상, 룻에게는 보아스보다 더 우선한 인척이 있어 그에게 결혼 의사를 먼저 물어야 할 상황을 알려주었다. 그리고 곧이어 당사자에게도 순순히 양해를 받아 정상적으로 축복을 받으며 결혼에 골인한다.

룻기의 드라마틱한 서사는 거기가 끝이 아니다. 보아스와 룻 사이에 오벳이라는 아들이 태어났다. 룻기가 말하려는 정점이 바로 이 부분이다. 오벳은 이스라엘 역사에 전무후무한 왕 다윗의 할아버지가 되었고, 그는 유다 지파의 가문으로 예수 그리스도의 육신적 조상이 되었다는 점이다.

룻기를 읽으며 아동문학가 권정생 선생의 동시, 〈강아지 똥〉이 떠올랐다.

"하느님은 쓸데없는 건 하나도 만들지 않으셨어 (중략) 내가 품은 씨앗 하나/샛노란 민들레로 피어나는 날/세상엔 무엇 하나/쓸모없는 게 없다는 걸/나 같은 강아지 똥도/쓰일 데가 있다는 걸"

아무짝에도 쓸모없이 보이지만 아름다운 존재감을 나타낼 수 있다는 희망을 느끼게 한다. 이 점이 룻기를 읽으며 더 강하게 드는 생각이다. 룻기를 보면 볼수록 개똥 같은 인생에게 베푸시는 민들레 색깔의 인애仁愛가 보인다. 기근을 피해서 고향을 등졌는데 설상가상으로 남편과 아들들을 잃은 여인. 그녀에게 어찌 그토록 지극한 효성의 자부가 붙좇았을까. 고향으로 돌아온 두 과부에게 어찌 그토록 멋지고도 유력한 사나이 눈에 띄고 사랑 받았을까. 결혼 의사가 있었지만, 그 결혼에 장애가 될 수 있는 더 가까운 근친이 스스로 룻을 포기하는 것도 모두 우연으로만 보기 어렵다. 그게 설령 우연이라 할지라도 그 우연을 통한 하나님의 인애 말고는 달리 설명하기 어렵다.

'인애'라는 말은 단순한 인간의 로맨스나 형제애를 넘어서는, 헬라어 '아가페'의 사랑을 의미한다. 조건 없이 자신을 버리며 베푸는 하나님의 사랑이다. 그러나 하나님의 헤세드도 인간 사이의 인애가 있는 곳에 더욱 선명하게 보인다.

룻이 홀로된 시모 나오미를 사랑함이 그렇고, 나오미가 룻과 두 자부를 배려함이 그것 아닌가. 또 보아스가 룻을 바라보는 마음은 더욱 그렇다. 룻기를 보며 더 놀라게 되는 건 그 역사적 배경이 사사 시대라는 점이다. 왕이 없어서 혼란의 극단을 보이던 시대에도 그토록 아름다운 정경이 있었다는 건 하나님의 인애는 시대가 어렵거나 순탄함에 있지 않고 절대적이라는 점이다, 그래서 지금 대한민국의 사사 시대 같은 혼란 속에서도 희망을 잃지 않아야겠다. 룻기 속 하나님의 헤세드, 인애는 지금 우리 안에도 있을테니까. 우리도 서로를 그렇게 사랑한다면.

헤세드

룻과 나오미
그분과 나
나와 너
찐빵 속 앙꼬의
기다림으로

09. 사무엘 상

영웅

작은형은 구슬치기, 딱지치기를 그렇게 잘할 수 없었다. 형만 따라다니던 날 저녁에는 온통 먼지투성이인 내 바지 주머니에 구슬이며 딱지가 가득했으니까. 나보다 네 살 많은 형은 내 유년기의 영웅이었다.

누구에게나 크든 작든 영웅이 있다. 있어야 한다. 성경은 영웅들의 이야기로 가득하다. 그들의 개인적인 인격적 면모는 다양하고 평가도 다양하다. 분명한 것은, 성경을 읽는 독자들에게 그 호걸들을 통하여 하나님의 음성을 듣게 한다는 사실이다.

사무엘상에 나타난 인물들도 예외가 아니다. 본시, 사무엘서라는 한 권의 책을 두 편으로 나누어 전편을 사무엘상이라 하고 후편을 사무엘하 라고 하는데 사무엘상에는 세 명의 걸출한 인물을 중심으로 한 역사가 서사敍事 되었다.

먼저, 기록자로 알려진 사무엘 자신의 이야기가 펼쳐진다. 그는 사사 시대 막바지에 어머니 한나가 불임의 고통 중에 통곡하며 드린 금식기도 응답으로 태어났다. 한나는 아들을 얻은 감격으로 이렇게 찬송했다.

"여호와는 가난하게도 하시고 부하게도 하시며 낮추기도 하시고 높이기도 하시는도다. 가난한 자를 진토에서 일으키시며 빈궁한 자를 거름더미에서 올리사 귀족들과 함께 앉게 하시며 영광의 자리를 차지하게 하시는도다"

이 찬양은 사무엘 인생의 복선처럼 느껴진다. 사무엘의 활동으로 부정적이던 역사의 흐름이 긍정적으로 바뀌게 되었으니까. 사무엘은 당시 제사장

엘리의 처소에서 영적 훈련을 쌓았다. 그때 밤중에 홀연히 육성으로 자신의 이름을 부르며 찾아오셨던 하나님의 뜻을 예민하게 분별하는 훈련을 받았다.

그러나 스승 엘리는 무능하고 분별력이 없었다. 사사를 겸했던 엘리는 아들, 며느리와 온 가족이 저주를 받아 죽었다. 엘리가 죽기 전 블레셋과의 전투에 참패하고 법궤를 빼앗겼다가 도로 찾아오는 과정을 겪었던 사무엘이 사사 겸 제사장이 되었다. 이십여 년 동안을 조용히 살던 백성에게 여호와를 사모하는 열망이 있음을 알고 그는 미스바 집회를 통해 전국의 우상을 부수며 회개의 금식기도 운동을 이끌었다. 그 과정에서 인근 블레셋의 침략을 하나님이 물리쳐주시는 신비한 승리를 경험했다.

그러나 대중은 단순하고 무지했다. 사무엘이 실지失地를 회복하며 평화로이 다스렸지만, 백성들은 사무엘에게 세속의 왕정 정치를 요구했다. 사무엘은 그들의 탄원이 몹시 불쾌했지만, 하나님께 의논하여 왕을 세워주기로 하고 은퇴를 선언했다.

백성의 바람대로 이스라엘 역사의 초대 왕으로 사울이 올랐다. 외모가 출중하고 내성적이며 소심했던 그는 질투의 화신이었다. 통치 기간 대부분을 전쟁으로 보낸 그는 초기에 그의 불순종과 고집으로 사무엘과 심각한 대립각을 세우다가 사무엘 사후에는 혜성같이 등장한 다윗을 질투하며 그를 제거하기 위해 갖은 애를 쓰다가 정신병에 들리고 귀신에 사로잡히기까지 했다.

사십 년 재임 기간 외적을 막아내느라 정신없이 보내면서도 다윗을 정적으로 여기고 집요한 추격으로 세월을 보내다가 전쟁터에서 죽을 지경에 이르자, 전장에 참여한 세 아들과 같은 자리에서 스스로 목숨을 끊었다. 백성들이 탄원하여 세웠던 초대 왕은 실패한 영웅이었다.

사무엘상에 등장하는 또 하나의 영웅 다윗, 그는 어린 목동 시절 사울에게 실망한 사무엘이 찾아가 기름 붓고 차기 왕으로 지목한 사람이다. 소년 시절 정신적으로 피폐한 사울의 부름을 받고 악기를 연주하기도 했고, 블레셋과의 전쟁터에서 거한 골리앗을 믿음의 돌멩이 하나로 물리친 사건은 웬만한 비 크리스천도 알 정도다.

사무엘상의 후반부는 다윗이 자신을 죽이려는 사울의 아들 요나단과 우정을 나누며 사울을 피하여 다니는 과정, 그리고 사울을 죽일 기회에 두 번이나 살려주는 이야기를 통해 진정한 호걸豪傑의 면모는 어떠해야 하는가를 보여준다.

어린 시절 내 작은 영웅인 형님의 신앙 실력(?)은 딱지치기보다 훨씬 더 좋았다. 기도의 사람이었다. 스무 살 총각 시절, 결핵으로 죽어가면서도 감사하며 살았고, 가난한 인생사를 신앙 하나로 이긴 서민庶民 다윗이라고 할까.

현대에 사울이 흐르고 넘친다. 온통 자기애로 가득한 세상. 남들이 잘되면 비교 의식에 사로잡혀 위기감을 느끼는 정신병적 사회다. 그럴지라도 아집과 오만함의 인간 군상 속에 형님 같은 기도의 영웅이 어딘가 있으리라. 불임의 고통을 지나서 기도 응답으로 아들을 받고 '가난하게도 하시며 부하게도 하시는' 하나님을 알려주는 사무엘의 어머니 한나가 내 목회 현장에서 보이기도 했다. 골리앗의 조롱을 믿음으로 물리치지만, 자신을 해치려는 원수의 생명도 아껴주는 진정한 다윗도 황사가 일어나는 저 탁한 세속의 희미한 바람 속에서라도 있을 것이다. 분명 그러하기에 하나님은 우리에게 사무엘상의 영웅들을 보여주셨다.

명암

고희를 맞이했다. 당나라 시인 두보는 "인생 칠십 고 래희"人生 七十 古 來 稀 라는 말을 해 사람이 70세를 산다는 건 드문 일이라 했다. 옛날에는 드물게 누리던 수壽를 내가 지금 누리고 있으니 이건 분명 좋은 일이다. 그러나 사람이 오래 사느냐보다 중요한 건 가치 있게 사는 일이다. 그리고 거기에는 뚜렷이 명과 암이 있다.

고희古稀라는 말을 남긴 두보 자신도 58세에 죽었지만, 평생 1천 4백 편의 시로 당대의 시성詩聖으로 통할 정도였으니 얼마나 빛나는 인생을 살았는가. 그러나 그는 관직에 오르기까지 여러 번의 낙방과 인간의 만남에서 고뇌를 겪으며 아들이 굶어 죽는 일까지 당할 정도로 빛과 어둠을 겪었다. 인생은 대부분이 그럴 것이다. 나라고 예외가 아니듯이.

사무엘 하는 다윗의 칠십 평생을 다룬 전기적 기록이다. 삼십 세에 왕이 되어 사십 년을 왕좌에 있다가 칠십 세에 삶을 마쳤다. 그의 인생에도 확실한 밝음이 있고 어둠이 있었다.

사무엘 하의 첫 부분은 그의 정적이랄까, 원수랄까. 다윗 인생에 큰 걸림돌이었던 사울의 죽음으로부터 시작한다. 사울의 죽음으로 다윗은 이스라엘의 2대 왕으로 등극한다. 사울의 떨거지라 할 수 있는 이스보셋의 저항으로 불안정했지만 몇 년 후 그가 암살되고 명실상부한 통일 이스라엘의 왕이 되었다.

왕권은 날로 안정되었다. 숙적 블레셋과의 전투를 벌일 때마다 그는 "하나님 마음에 합한 자"라는 별명답게 하나님께 의논하고 허락받고 싸워 이겼다. 안보를 든든히 하는 데 성공한 다윗의 또 다른 중요 프로젝트는 법궤의 이동이었다. 이동 중의 실수도 있었지만 춤을 추며 복된 찬양 속에 다윗성으로 이동하여 영적 평안을 찾았다.

그 평온함 속에 자신의 열망인 하나님의 성전을 건축할 꿈을 당시 영적 지도자인 나단 선지자와 의논했다. 나단을 통한 하나님의 응답은 성전 건축보다는 영광스럽게도 다윗의 집을 더욱 견고하게 세우시겠다는 약속이 들려왔다.

황송한 말씀을 전해 들은 다윗은 어디로 가든 싸워서 이겼다. 정의와 공의를 행하며 왕년에 자신을 죽일 듯이 괴롭혔던 사울의 손자까지도 수소문하여 돌보아 줄 정도로 넉넉함을 누렸다. 그를 향한 백성의 지지도는 백 퍼센트? 거의 완벽에 가까웠다. 다윗의 전성기는 거기까지였을까.

어쩌면 나의 인생 전반부도 다윗의 그즈음과 엇비슷한 것이리라 여겨진다. 결혼 후 누가 쫓아오는 이 없이 내 인생을 열어가기만 하던 세월이었다. 신학을 수업하며 남들이 하는 교육전도사의 수련을 나도 거쳤다. 졸업 후 목사 안수받기까지 충분한 훈련을 쌓으며 내 길을 침착하게 걸었다. 하나님이 주신 아들딸 재롱을 보며 남들과 똑같은 가정의 행복도 누렸다. 부목사로 있던 교회에서 달마다 나오는 성미誠米를 충분히 먹고도 남아서 친구에게 갖다 주던 기억은 지금도 입가에 미소를 짓게 한다.

동료들의 부러움을 사며 마침내 개척교회의 담임목사가 되었다. 황량한 들판, 논바닥을 메워 조립식 건축물로 세운 교회였지만, 그 예배당은 부목사로 섬기던 교회에서 인정을 받아 부동산을 소유하게 되었고 그 터전에 건물을 지었으니 온 세상이 내 것인 듯했다.

열심히 살았다. 사십 살이었으니 그 열정이 어땠겠는가. 기도 생활, 성경연구, 전도 활동으로 매진하던 나에게 교회 성장이 곧 인생 성공인 듯 살았다. 그렇게 오십 대 중반에 이르렀다. 교회는 하나님의 은혜를 실감하며 안정되었다.

다윗의 후반부는 어둠으로 열린다. 간음, 살인 모의, 간접 살인, 거짓말로 점철된 그의 실추된 모습은 그가 정말 그 다윗인가 싶을 정도로 악질적이다. 그가 나단 선지자의 질책을 받고 회개로 드리는 시편 51편을 보면 이렇다.

“우슬초로 나를 정결하게 하소서 내가 정하리이다. 나의 죄를 씻어 주소서 내가 눈보다 희리이다. (중략) 주의 얼굴을 내 죄에서 돌이키시고 내 모든 죄악을 지워 주소서 하나님이여 내 속에 정한 마음을 창조하시고 내 안에 정직한 영을 새롭게 하소서 (중략) 나의 구원의 하나님이여 피 흘린 죄에서 나를 건지소서”

죄는 용서 받았지만, 죄의 열매가 하나, 둘 열렸다. 많은 여자를 아내로 거느린 거야 당시의 문화로 치부한다 해도 그 사이에서 태어나는 배다른 자식들 간에 강간과 복수의 살인극이 이어져 벌어진다. 땅을 치고 통곡할 일이 연이어 벌어지더니 급기야 압살롬이라는 패륜 반역의 아들에 의해 왕권까지 빼앗길 위기를 맞았다.

압살롬의 죽음으로 반역은 제압되었지만, 비극은 계속된다. 인생의 황혼기에 이르러 자신의 과업을 자랑하려 실시한 인구 조사로 숱한 백성의 죽음을 초래하며 사무엘하를 마친다.

누구나 인생이 다윗같이 드라마틱하진 않다. 그러나 제 분수를 잃고 죄의 나락에 빠진다든지, 회개하고 회복하지만, 왕년에 저질렀던 죄의 흔적으로 지난至難한 삶을 살아가는 건 매한가지 아닌가 싶다.

다윗은 30세에 왕이 되어 40년 치세治世하며 70년을 살았다. 우리 시대는 평균적으로 수명이 길어져 다윗에게 없었던 여생餘生이라는 걸 살고 있다. 그건 아마도 정신없이 살아가는 현대인에게 자신 생의 명明과 암暗을 반추하며 하나님의 선하신 뜻이 무엇인가를 헤아리라고 주시는 선물일 것이다. 전성기와 쇠퇴기의 명암이 분명한 다윗의 인생사는 우리 모두의 거울이다.

분열

"대통령 박근혜를 파면한다"

"대통령 윤석열을 파면한다"

이런 헌법재판관의 준엄한 선고는 모두가 국론 분열의 결과물이다. 남과 북의 이데올로기로 인한 분단, 동과 서의 이권 다툼, 도와 농의 갈등 이런 역사를 가진 나라가 드물 것 같다는 생각이 들겠지만, 같은 부모를 둔 형제들도 각각의 생각이 다른데 숱한 국민을 거느린 국가가 생각과 뜻이 온전히 하나인 나라는 없을 터이다.

성경에서 '제왕들의 이야기'라는 뜻을 가진 열왕기列王記가 그런 사실을 극명하게 보여준다. 원래 한 권으로 되었던 책을 분량의 문제로 상편 하편으로 나누어, 먼저 책인 열왕기 상은 이스라엘의 분단사를 집중적으로 보여준다. 그리고 그 중심에는 솔로몬, 르호보암, 여로보암, 이 세 인물이 축을 이룬다.

먼저, 솔로몬이 열왕기 상에 화려하게 등장한다. 전무후무한 성군, 다윗의 아들로 태어난 그는 왕위에 오르자 아버지의 위업을 의식하고 기브온에 있는 산당에 가서 무려 일천 마리의 제물을 드리며 백성을 다스릴만한 지혜와 총명을 구하며 기도했다.

그의 순진한 기도에 하나님이 감동하셨다. 하나님은 그에게 나라를 잘 다스리는 지혜는 물론 그가 구하지 않은 백과사전이다 싶을 만큼의 지식과 부귀와 영화도 함께 주셨다. 그는 적어도 개인적으로는 성공한 왕이었다. 백성을 지혜롭게 다스림은 물론, 국방과 외교에 큰 성공을 거둬, 주변국의 인기도 한 몸에 받았으니까.

그런데, 이스라엘의 분단 비극은 거기에서 시발始發 했다는 게 참으로 아이러니하다. 솔로몬의 치세 40년 후 르호보암이 왕으로 등극하려는 순간, 솔로몬 정치에 불만을 품고 망명했던 여로보암이라는 자가 추종자들을 이끌고 찾아가 백성을 좀 더 평안하게 이끌어달라고 요구했다.

한 국가의 방향도 개인도 인간의 삶은 언제나 선택이 좌우한다. 결정적인 선택이 필요할 때에 어떻게 할 것인가가 역사의 한 획을 긋는 경우가 허다하다. 그 순간 지혜로운 분별이 필요했던 르호보암은 결정적인 한마디로 그들의 간원懇願에 찬물을 끼얹었다.

"내 아버지는 채찍으로 너희를 징치懲治 하였으나, 나는 전갈 채찍으로 너희를 징치 하리라"

솔로몬이 죽자 한 가닥 희망을 품고 르호보암을 찾아갔던 무리는 르호보암의 극단적인 망언에 대경실색大驚失色하여 자기들만의 나라를 구축했다. 수도 예루살렘의 북쪽 지역을 기반으로 한 열 개의 지파가 뭉쳐 "이스라엘"이라는 국호로 하고 초대 왕은 여로보암이 되었다. 르호보암의 섣부르고 철없는 선택이 "유다"라는 국호의 반쪽짜리 나라가 되게 했다.

여로보암의 쿠데타적 선택이 옳았을까? 솔로몬에게 실망한 그가 어리석은 르호보암을 더 설득할 힘은 없었을까? 더욱이 그는 자신의 정치적 기반을 위하여 북 왕국의 수도로 정한 사마리아에 사이비 제단과 제사장을 세워 영적 기반을 흔들었다. 그것은 남과 북을 가르는 영적 철책으로, 솔로몬과 르호보암의 실패보다 훨씬 더 큰 악수惡手의 모델이 되었다.

그러나 분단의 원흉은 솔로몬이다. 그는 셀 수 없을 정도로 받은 하나님의 선물을 쾌락을 추구하는 도구로 악용했다.

"왕은 후궁이 칠백 명이요, 첩이 삼백 명이라. 그의 여인들이 왕의 마음을 돌아서게 하였더라"

이 숱한 여인들이 그의 마음을 하나님으로부터 돌아서게 했다. 그가 백성의 신임을 잃어가기 시작한 지점이 거기였다. 솔로몬은 결국 하나님과 단절되었다. 하나님과 단절되고 나니 국민과 단절되었다. 그런 솔로몬이 아들 르호보암에게 좋은 영향을 줄 수도 없었을 것이다.

반만년 역사를 자랑하는 한반도는 분열과 통합의 수레바퀴다. 해방 후 전쟁으로 인한 남북 분단의 역사에 하나님의 뜻을 비추면 답이 보인다. 아담과 하와가 에덴에서 추방될 때 인간 사이가 갈라지기 전 하나님과의 단절이 먼저 왔었다. 이스라엘의 남북 분단은 솔로몬, 여로보암, 르호보암 세 못난이가 보여주는 하나님과의 분열 이야기다.

이것은 오롯이 오늘 우리들의 자화상이다. 인간이 서로 생각이 다르기에 온전히 하나일 수 없지만, 하나님이 주신 선물들을 하나님 뜻에 따라 사용하는가?

내가 즐겨 부르는 찬송가 중에 이런 가사가 있다.

"나의 품은 뜻, 주의 뜻같이 되게 하여 주소서 내가 매일 십자가 앞에 더 가까이 가오니…"

남북은 물론, 좌우 대립도 빈부갈등도 인간과 대자연과의 관계도 세상의 모든 분열을 극복하는 길은 우리의 품은 뜻이 하나님과 같을 때 가능하다는 것을 열왕기 상은 보여 준다.

들으라

축배 들기 전
둥근 지붕 위의
음성을
녹색 잔디 위의
신음을

흥망

교육전도사 시절 주일학교 교사 한 분이 내게 열왕기 하에 나오는 어느 선지자에 대하여 질문하셨다. 관련 부분을 읽어보니 몹시 낯설었다. 내용 파악이 잘 안 되었다. 어쨌든 답변하기는 했고, 성도님은 고개를 끄덕이기는 했다. 알았다는 듯. 그러나 내 마음은 개운하지 않았다. 아직도 그 성도님을 생각하면 미안하고 부끄럽다.

역사서에는 내용 파악이 쉽지 않은 부분이 꽤 있다. 정신 똑바로 차리지 않으면 혼란을 일으키기 쉽다. 신학교육을 막 마친 햇병아리 교역자로서 방대한 성경의 역사를 줄줄이 꿰지 못한 상태에서 그 실수는 필연적이었다.

열왕기 하는 열왕기 상에서 이어지는 서사의 흐름을 일정하게 유지한다. 열왕기 상 후반부에 등장하는 최악의 폭군 아합에 항거한 엘리야의 영적 투쟁이 큰 승리로 끝나고 열왕기 하로 이어진다. 엘리야의 후계자인 엘리사가 등장하여 그가 보여주는 여러 가지 표적으로 하나님이 인간 역사에 직접 개입하시는 모습을 보여준다.

그리고는 이어서 남북 왕조를 교차하여 서술하는데 이 부분에서 정신 바짝 차려 읽어야 한다. 남북으로 분단되었으니 국호는 북을 이스라엘로, 남을 유다로 한 점과 시대를 같이하는 남과 북의 통치자를 한 절에 표기한 경우가 자주 나온다. 일 예로 열왕기하 13장 1절을 보면,

"유다의 왕 아하시야의 아들 요아스의 제 이십삼 년에 예후의 아들 여호아하스가 사마리아에서 이스라엘 왕이 되어 십칠 년간 다스리며"

이 말은 남쪽 유다 지역을 요아스 왕이 다스리는 때, 북쪽 지역을 여호아하스 왕이 다스리고 있었다는 서술이다. 그리고 남쪽 유다의 요아스가 집권한 지 23년일 때 북쪽의 여호아하스가 왕이 되어 사마리아에서 17년간 다스렸다는 서술이다.

중요한 건 메시지다. 북 왕국은 반정부 집단이 신설한 정부이기 때문에 하나님이 벌을 주셔서 일찍 망했고 남 왕국은 다윗의 왕손이 다스리기에 하나님이 무조건 보전하신다는 신앙 논리가 전혀 아니다. 열왕기 하가 말하려는 건 '순천자順天者는 흥하고 역천자逆天者는 망한다'는 단순한 진실이다. 인간 역사의 흥망 분수령은 어느 지점일까를 가르친다.

북 왕국 이스라엘은 스무 명의 왕이 약 240년 동안을 이어오다가 앗수르 제국에게 패망했다. 한 왕이 평균 12년을 통치한 셈인데, 통치의 질은 영적으로나 정치적으로 영 엉망이었다.

북쪽 지역의 주민들에게 남쪽 지역 예루살렘에 있는 예루살렘 성전을 가지 못하게 할 궁여지책으로 만든 사마리아의 사이비 성전에 레위 혈통이 아닌 사이비 제사장을 세웠다. 또 고대 정권은 대부분 세습이었지만 절반은 쿠데타에 의한 암살의 방법이었다. 집권자의 교체가 그렇게 폭력적이었다는 얘기다.

스무 명의 왕 가운데 선한 왕이라 평가된 왕은 단 하나도 없었으니, 하나님의 오래 참으심이 아니었다면 그나마도 있을 수 없는 일이었다.

남 왕국 유다라고 해서 크게 다르지 않았다. 다윗의 혈통을 이어받은 왕의 계보를 이어 스무 대代의 왕이 출몰했다. 분단 330여 년 만에 바벨론의 속국屬國이 되었다. 왕의 평균 치세 기간이 대략 17년이 약간 못 되었다. 북 왕국에 비하면 남 왕국에는 긍정적인 면이 약간 보인다. 몇몇 왕이 인간적인 단점이 있었지만 비교적 하나님의 법을 따르는 모습을 보이고 당시 예언자와 깨어있는 제사장들의 활동으로 그나마 태평했던 세월이 몇 번 기록되었다는 점이다.

열왕기 하를 읽을수록 인간의 악취가 역겹도록 풍긴다. 왕들이 보여주는 영적 타락의 모습이나 폭력성, 성적으로 부도덕한 모습이 절망을 느끼게 한다. 인간은 망할 수밖에 없는 나약하고 죄악 된 모습이라는 걸 확연히 보여준다.

남과 북의 어두운 분열 왕국 시대에 빛 되신 하나님의 인내와 구원의 열정을 보여주려는 것이 열왕기 하가 전해주려는 메시지다.

제발 낭설이었기를 바라지만, 이 나라에도 무속이 멀쩡한 대통령 뒤에서 섭정한다는 소문이 있는가 하면, 대통령 집무실 이전 결정을 무슨 도사 같은 이가 사주했다느니, 과거 어느 대통령 시절에는 청와대에서 굿판이 벌어졌다거나 점쟁이가 들락거렸다느니 하는 얘기들이 나돌았었다. 기가 찰 노릇이다.

북한은 어떤가. 탈북자들의 눈물 섞인 증언을 들어보나 마나, 영적으로나 정치 경제 사회 어느 방면으로나 세계 최악이다.

그럼에도 불구하고 희망의 근거를 가져 보자면, 열왕기 하의 마지막 장에 있다. 남 왕국 유다가 망하고 37년이 지났을 때, 바벨론의 왕이 포로가 된 유다의 왕을 죽기까지 편하게 살도록 별궁에서 특별히 배려해 주었다고 기록되었다.

비록 망한 왕조이지만 언젠가 그들에게 새로운 빛을 되찾게 될 거라는 암시였다. 열왕기 하를 모델 삼아 본다면, 한반도의 희망은 하나님의 은혜 외에는 없다.

신정 神政

청남대에 가 보았는가. 대통령의 별장을 관광 명소로 만든 그곳의 입구에는 역대 대통령의 행적을 소개하는 건물이 있다. 해방 후 이데올로기의 혼란기부터 전쟁과 보릿고개, 경제 개발과 민주화의 과정을 거치며 경제 부국을 이루기까지의 대통령들. 그리고 민족이 성장하고 성숙해가는 과정에 등장했던 대통령의 발자취를 큼직한 사진들과 함께 전시했다.

그 전시관의 특징은 역대 대통령에 대하여 긍정도 있고 부정도 있다. 대통령이 바뀔 때마다 사람들의 평가가 다양하지만, 그 전시관이 보여주려는 건 대통령 중심의 역사 서술이다.

성경 역대 상을 보면 그런 느낌이다. 창세 이후 인간의 흐름을 객관적으로 훑게 된다. 역대 상의 첫 단어는 아담이다. 이 이름을 필두로 장장 아홉 장에 이르기까지 사람 이름의 나열이다. 개인의 이름들이 나열되다가 아브라함이라는 이름부터 이스라엘 민족의 형성사가 전개된다. 나아가 민족이 지파와 종족별로 나누어진 국가 형태를 갖춘다. 이것은 인간의 역사가 하나님으로부터 시작되었고, 세상에 존재하는 나라들이 모두 그렇다는 사실을 은유한다.

물론 단순한 이름의 나열만은 아니지만 읽다 보면 '이 이름들과 내가 무슨 상관일까?' 하는 의구심과 함께 지루함이 찾아든다. 그나마 감사한 것은, 그 다음부터는 할아버지가 구수하게 들려주는 옛날얘기처럼 흐른다는 것.

그 서사의 중심은 이스라엘 후손들의 정신적 지주, 아브라함과 다윗이다.

하나님이 아브라함이라는 한 개인을 민족의 조상으로 선택하셨다. 여기에 기록된 이름들은 민족이 형성되어가는 과정에 있는 존재들이다. 여러 과정을 거쳐 왕정을 구축했지만 첫째 왕 사울은 실패자로 낙인되었다. 그에 따라 실질적인 초대 왕이라 할 다윗의 행적이 역대상의 주된 내용이다. 국가 안보를 강화한 내용부터 제사와 관련된 것과 성전에 관한 이야기들이 끝날 때까지 이어진다.

그 때문일까. 사무엘서와 열왕기에 나타났던 다윗의 부정적인 면, 일테면 그가 심각한 죄악에 노출되었던 이야기가 보이지 않는다. 이것은 역대기가 인간의 개인사라기보다 하나님이 인간에게 바라시는 마음이 담겨있기 때문이다. 하나님이 다스리는 나라, 신정神政의 역사는 좋은 세상, 착한 세상이기를 바라는 것이다.

역대 상에 나타는 서사의 흐름을 보면 강조점을 느낄 수 있다. 아담부터 아브라함 전까지의 역사를 하나님이 주도하셨고, 아브라함 이후 다윗까지의 민족 형성을 이룩하신 과정이 그렇다. 그리고 다윗의 역사에 안보가 든든했고, 예배가 이루어졌으며, 성전을 위한 열망이 긍정적으로 그려졌다.

이것은 인간이 안전하게 사는 비결은 제사, 즉 예배를 통해 하나님과 친밀한 관계를 나누며 하나님의 품으로 상징되는 성전을 늘 사모하며 사는 데 있다는 것이다.

이런 찬양이 있다.

이 세상을 살아가는 동안에 나의 힘을 의지할 수 없으니
기도하고 낙심하지 말 것은 주께서 참 소망이 되심이라
이 세상을 살아가는 동안에 나의 힘을 의지할 수 없으니
기도하고 낙심하지 말 것은 주께서 참 소망이 되심이라
하나님의 꿈이 나의 비젼이 되고 예수님의 성품이 나의 인격이 되고
성령님의 권능이 나의 능력이 되길 원하고 바라고 기도합니다
〈복음성가, '원하고 바라고 기도합니다' 일부〉

이 찬양이 역대 상과 연관 지어 떠오르는 이유는 하나님의 꿈이라는 가사와 예수님의 성품 그리고 성령님의 권능이라는 가사가 역대 상의 메시지와 닮아있기 때문이다. 하나님의 꿈은 착한 세상, 좋은 나라다. 그런 나라를 사는 세상의 사람들은 예수님의 성품을 가져야 하고 힘든 세상에서 그런 성품으로 살려면 성령님의 권능을 힘입어야 하기 때문이다.

우리 교회 당회실에 교회 연혁이 사진틀처럼 걸려있다. 거기에는 담임목사인 내 이름이 있고 교회 주소 지번의 변화, 전도사, 부목사 등의 부 교역자 변동 사항, 장로, 안수집사, 권사 같은 항존직분자의 임직 일자들이 나열되었다. 그 역사가 중요한 부분이기 때문에 기록했다.

그러나 중요성으로 보면 꼭 적어야 할 역사를 의도적으로 누락시킨 사항도 있다. 그것은 역대 상에 다윗을 비롯한 중요 인물들의 부정적인 기록을 담지 않았던 이유와도 상통한다. 교회 역사에 중요한 사건이지만 부정적인 이름과 사건들이기 때문이다. 그 이름과 사건들을 읽으며 굳이 교회의 어두운 추억을 떠올리고 싶지 않은 마음이 그 행간을 차지하고 있다.

역대상에 기록된 다윗이 예배를 위해 성전을 위해 어떤 관심과 열정을 가졌었는지 느껴보고 우리 삶에서도 예배와 교회 생활을 통해 세상을 긍정적으로 살아가는 개인의 연혁을 쓰라고 은밀하게 권유하고 싶다.

들으라

그가 내 음성 듣는다
나를 바라본다
그 손이 부드럽다
그 이름을 가슴에 새기고
한걸음 한걸음

14. 역대 하

왕조

어렸을 때 외우던 조선 왕조의 명칭이 있다. 그것을 시호諡號라 하는데 나는 "태,정,태,세,문,단,세"까지만 외우고 있었다. 인터넷에서 검색해 나머지 순서를 보고 "예,성,연,중,인,명,선,광,인,효,현,숙,경,영,정,순,헌,철,고,순" 모두 스물일곱의 왕이 이어졌음을 알게 되었다. 왕 개인 이름은 따로 있었지만, 그의 승하昇遐 후 왕의 업적이나 사람들의 평가에 따라 시호를 추서追敍했다고 한다.

'태조太祖' '세종世宗' 이런 식으로 시호의 뒷글자는 조祖를 붙이거나 종宗을 붙었다. 나라를 새롭게 창건하거나, 어떤 혁신을 주도하고 무언가 돌출된 사건을 주도한 경우 조를 붙였고 순탄하게 승계를 이어 다스린 왕에게는 업적과 관계없이 종을 붙였다. 왕마다 각각의 개성이 있었고 왕권의 역할을 어떻게 감당했었느냐에 따라 세인들의 평가도 다양하다. 누구에게나 장단점은 있었다. 왕도 한 인간이었기에.

중요한 것은 하나님이 어떻게 보시느냐다. 역대 하는 다윗 이후 등장하는 유대 왕들이 나라를 어떻게 다스렸느냐에 대한 평가서라 해도 된다. 다윗의 아들 솔로몬의 이야기가 초반부를 차지한다. 역대 상의 경우처럼 그의 실정失政 보다는 그가 누린 부귀영화와 훌륭한 업적을 부각하였다. 그의 하나님을 향한 순수한 마음의 동기와 성전을 건축하는 과정에서의 최선을 다하는 모습을 독자인 우리에게 본받으라고 말하는 것 같다.

그의 아들 르호보암은 아버지 솔로몬이 누린 영화의 후유증을 겪은, 좀 억울한 측면이 있기는 하다. 그러나 중요한 선택의 순간에 분별력을 잃고 어리석은 결정을 내림으로 남북 분단의 단초를 제공한 과過를 안고 있다. 르호보암 시대에 남과 북이 분단되는 비극을 겪으며 아쉽게도 그는 악한 왕으로 평가되었다.

르호보암을 포함하여 남 왕국 유대 왕은 스무 명이다. 그 가운데 열두 명의 왕이 악하다는 평가를 들었는데 그들이 다스린 햇수의 합은 130년이다. 평균 11년 정도를 다스렸으며 3개월짜리도 두 명이 있고 1년짜리도 하나가 있었다.

반면에 선하다는 왕의 수는 여덟 명이지만 그들이 다스린 기간은 263년이나 된다. 왕 개인당 33년 정도를 왕좌에 있던 셈이다. 악하다고 평가된 왕의 세 배를 다스렸다. 선한 평가를 받은 왕들의 면모를 보면 우상의 신당을 부수고 율법교육을 펼치는가 하면 우상의 잔재가 스며들어 더러워진 성전을 정화하고 중단되었던 절기들을 복귀시킴으로 예배를 회복했다. 그들은 패배가 뻔한 전쟁에서 하나님이 직접 개입하심으로 승리했으며 죽을병에서 신유神癒를 체험했다. 국가 경제를 부강하게 만들었으며 온 국민의 존경을 한몸에 받았다. 물론 인간적 약점이 있었지만, 역대기의 기자는 그 점을 부각하지 않았다.

역대기의 기자는 객관적인 서술로 왕들의 선과 악을 비교하거나 통치 기간의 길고 짧음을 통하여 독자들에게 기계적인 권선징악을 교훈하기보다는 하나님이 원하시는 인간 세상의 모습이 어떠해야 하는가를 은유하는듯하다. 역대 하는 다윗 왕조를 박차고 나간 북 왕국 이스라엘의 사이비 왕을 아예 언급하지 않음이 그 빙거憑據다.

무엇보다 역대 하의 에필로그는 유대가 바벨론에 의해 망하기는 했지만, 바벨론 포로가 되었던 백성이 바벨론을 무너뜨린 바사(페르시아) 제국 고레스 왕의 칙령에 따라 고토로 돌아오는 역사를 보여줌으로 하나님 나라의 회복에 대한 희망을 보여준다. 이렇듯이 역대 하는 하나님이 다스리는 역사는 언제나 선하다는 점을 강조했다.

우리 교회에 역사책이 몇 권 있다. 첫째는 담임목사인 내가 기록한 내용이다. 성도들의 교회 생활에 대한 기록물인 교적부, 거기에는 성도들의 이름과 생년월일, 세례 일자, 임직일 등등의 기록과 심방 기록이다. 그뿐 아니다. 세례교인 명부, 공동회의록, 제직회의록, 당회록 등등이다. 매주 발행된 주보철에는 교회가 걸어온 길이 시시콜콜 적혀있다. 이 교회가 걸어온 삶의 기록물들에 나나 교회의 어떤 누군가가 부정평가를 하지 않았다. 그런 사실이 없어서가 아니다. 앞으로 그런 일들이 없기 바람이다. 역대 교회 기록물을 보는 다음 세대의 사람들이 더욱 밝은 역사를 써나가기를 바라는 마음이 그 행간에 있다. 이것이 역대 하를 읽는 우리 자세가 되어야 한다.

역대기의 하편인 역대 하를 덮으며 대중가요 가사가 떠올라 낮은 목소리로 불러보았다. 아마도 하나님이 역대기를 우리에게 주신 이유는 이런 세상을 만들라고 하신 때문이 아닐까 해서다.

내가 살아가는 동안에 할 일이 또 하나 있지
바람 부는 벌판에 서 있어도 나는 외롭지 않아
그러나 솔잎 하나 떨어지면 눈물 따라 흐르고
우리 타는 가슴 가슴마다 햇살은 다시 떠오르네
아아 영원히 변치 않을 우리들의 사랑으로
어두운 곳에 손을 내밀어 밝혀 주리라
〈대중가요 해바라기의 '사랑으로' 가사〉

연(連)과 나

뿌리는 진흙밭에
얼굴은 허공에
몸은 땅에
마음은 하늘에
내 모두는 당신께

15. 에스라

재건

성경에 오류가 있는가? 있다. 기독교 진리에 대한 것이나 하나님의 거룩함에 대하여가 아니다. 물리적인 것, 기록자나 필사자의 단순한 혼선이나 작은 실수로 보여지는 오류가 여럿 보인다. 성경은 고대 문서다. 지금부터 최대 3500년 전, 가까워 봐야 2천여 년 전의 글이다.

그것도 이리저리 흩어진 조각 문서들을 편집, 집대성하여 정경正經으로 묶은 경전이다. 충분히 물리적인 오류가 있을 수 있다. 삼천 년 전에 기록된 아람어, 히브리어, 헬라어 원문이 라틴어, 영어, 한자 등을 거쳐 한글로 번역되었는데 어찌 물리적으로 정확 무오 하다고 할 것인가.

단어, 인명, 지명, 연대만이 아니라 편집의 오류도 있을 수 있다. 에스라서에는 연대와 사건 서술이 그렇게 보이는 부분이 꽤 있다. 대개, 제목이 사람 이름으로 된 책들은 그 사람의 주된 활동이 주제를 이룬다. 일테면, 여호수아, 룻기, 에스더 같은 책 제목이 그렇다. 그래서 에스라서 역시 그런가 하면, 아니다. 절반만 그렇다.

책의 전반부는 그 유명한 페르시아의 왕 고레스가 유대 민족에게 베푼 '고레스 칙령'에 따라 스룹바벨 지도자가 유대인을 이끌고 귀환하여 활동한 내용이다. 그는 주전 5세기경 이스라엘이 바벨론에 포로 되었다가 칠십 년 만에 귀환하는 백성들의 지도자였다. 그의 활동에 대한 서사가 에스라의 전반부를 차지한다. 그래서 스룹바벨을 에스라와 동시대 사람으로 생각하기 쉽다.

그러나 아니다. 이게 필경의 오류인지 의도된 편집인지 모르겠다. 그의 활동기를 독립적으로 편집하지 않고 왜 에스라서에 통합시켰는지, 그리고 성전 재건과정에서 반대자들의 참소 때문에 작업이 16년간 중단되었다가 재개하여 완공에 이르기까지의 연대 측정이 매우 혼란스럽다. 정밀하게 연구한 학자들의 의견을 참고하지 않으면 혼란에 빠진다. 성경을 편집하는 과정에 어떤 오류가 있었던 게 아닐까. 꼬리에 꼬리를 물고 의구심이 이어질 뿐.

후반부는 에스라가 스룹바벨 한참 뒤에 본국에 귀환하여 지도력을 발휘하는 내용이다. 그는 학사요 제사장이다. 그는 이스라엘 백성이 귀한 후 수십 년이 흐르는 동안 그 지역 주변국의 이방인들과 혼인을 맺고 사는 걸 알았다.

당시 혈통이 다른 사람과의 혼인은 그 혈통이 섬기는 신을 받아들이는 행위이기에 율법으로 금하셨다. 그러나 그들은 죄의식 없이 죄의 문화를 형성하고 있었다. 에스라는 그들의 죄를 지적하며 집단적 회개 운동을 전개했다. 그 의지의 표현으로 유대인과 결혼한 이방인 부인을 돌려보내는 초강수를 쓰며 대대적 개혁을 단행했다. 아울러 그런 죄를 저지른 사회 지도층 인사 명단을 만들어 공개했다. 과연 제사장답고 학자다운 개혁적 리더십의 발휘였다.

이렇게까지 하는 건 좀 심한 것이 아닌가 싶기도 하겠지만 하나님이 원하신 건 육체적 순결보다 영적 순결이었다. 에스라의 외침을 듣고 백성은 통곡하며 돌아섰다. 백성들 사이에 무너진 율법을 다시 세우고 정결한 사회로의 재건을 구현했다.

실제로 오늘 이스라엘의 인구는 수백만 명에 불과하다. 그러나 세계사적으로 그들은 초 강소국으로 자리하고 있다. 국민 주권을 강대 제국에 뺏긴 상태에서 2천 년이 넘는 시간에도 민족 정체성을 잃지 않고 있음이 얼마나 놀라운가. 에스라 당시에 내린 단호한 조치가 역사에 미친 열매가 이런 것이다.

에스라서는 두 종류의 재건을 보여준다. 1차 귀환자 스룹바벨이 이룩한 성전 재건과 2차 귀환자인 에스라가 일으킨 시민 사회의 영적 재건이다. 에스라서에 나타난 페르시아의 왕 고레스 칙령을 보며 하나님이 약속하신 구원의 성취가 반드시 이루어짐을 확인하였다.

다시금 스룹바벨의 열정을 새겨본다. 성전 재건에 착수했을 때의 감격과 그 일이 훼방을 받고 힘겨웠을 지도자의 마음, 다시 힘을 내어 재건에 착수하고 기어이 큰일을 이루었을 때의 감격이 어땠을까.

오롯이 내 목회 여정에도 있었던 사역이다. 교회 개척 당시 논바닥을 메운 땅에 기초석을 놓으며 감격했던 기억, 조립식 건축물을 부수고 붉은 벽돌 건물을 세우며 행복했던 시간 속에는 나도 작은 스룹바벨이었다.

중요한 건 마음 성전이다. 삶의 편안함을 가장 큰 가치로 추구하는 성도들이 현실과 타협하며 하나님의 법을 외면하고 에스라 시대의 통혼 같은 죄와의 통혼으로 마음 성전이 자주 붕괴하는 걸 본다. 인간의 삶이 가장 평온한 때가 가장 개혁이 필요한 순간이거늘 그럼에도, 그들 앞에 목사 연하는 나 자신이 그들에게 따끔한 질책 한번 못하는 자괴감을 어찌하면 좋을까. 에스라의 단호했던 지도력을 보면서 평생을 목사로 살아온 내 리더십에 많은 자괴감을 느낀다.

성경에 오류가 있는가? 없다. 물리적인 단순 실수와 기록물의 전수 과정에서 오류가 있을 뿐, 인간 성화의 목적과 구원의 열정에는 오류가 전혀 없다. 에스라서의 물리적 기술記述의 오류는 문제가 아니다. 내 삶의 오류가 문제다.

성경을 읽으면서, 현실에 빨리 동화되어 속된 삶으로 향하는 성도들을 볼 때마다 그들 마음 성전이 재건되기 위해, 무너진 벽돌 더미로 가득한 내 마음 성전의 재건을 위해 나만의 골방에 들어가 전혀 오류가 없는 말씀을 펼쳐야 한다.

결기 決氣

어렸을 때 들은 김유신 장군의 이야기가 지금도 생각난다. 평소 술집에 드나들며 허랑방탕하게 살다가 어머니로부터 큰 꾸지람을 듣고 새롭게 살리라고 결심했다. 그런 어느 날, 타고 가던 그의 애마가 주인의 결심을 모른 채 평소의 습관대로 술집 방향으로 달리기에 놈의 목을 쳐서 자신의 결심을 흩트리지 않았다는 이야기다.

민영환에 대한 기억도 비슷하다. 조선 말기 오스트리아, 이탈리아 등지에 외교관으로 활약한 그 선각자는 민족이 일본에 주권을 이양하는데 굴욕적으로 서명하는 순간 자결함으로 분통함과 비감함을 나타냈다.

그런 위인들을 단적으로 결기決氣의 사람이라 말한다. 결기라는 단어를 국어사전에서는 "못마땅한 것을 참지 못하고 성을 내거나 왈칵 행동하는 성미" 그리고 "곧고 바르며 과단성 있는 성미"라고 풀었다.

느헤미야의 성품이 딱 그렇다. 그는 에스라와 동시대에 페르시아에서 살다가 에스라보다 약간 늦게 귀환자의 이름에 올랐다. 그의 귀환은 특이하게 홀로였다. 그래서 그를 딱히 '3차' 귀환자라고 하기엔 좀 그렇다.

그는 왜 홀로 귀환했을까. 그는 유대인으로 페르시아에서 태어나 왕궁의 술 맡은 관원으로 고위공직자였다. 그가 어느 날 듣게 된 고국 소식은 그의 일생을 완전히 바꾸었다. 고국의 수도 예루살렘이 큰 환란을 당하고 옛 성은 무너지고 성문이 불타고 능욕을 당한다는 것이었다. 그는 참을 수 없었다. 그 모든 원인을 조상이 저지른 죄의 대가로 알고 통곡하며 회개하는 동시에 자신을 총애하는 아닥사스다 왕에게 귀국을 요청했다.

당시 페르시아 왕 아닥사스다는 그의 지원을 설명하는 서신과 함께 느헤미야가 요청한 성곽 수리에 필요한 목재들과 함께 그를 지방의 총독으로 임명하여 유다에 보냈다. 고국에 당도하자마자 암행 시찰로 예루살렘 성의 참상을 눈으로 확인했다. 즉각, 지위가 높은 사람들과 규합하여 성을 건축하기로 결단했다.

일은 쉽지 않았다. 반대자들의 조롱과 비아냥이 감성적인 수준을 넘었다. 유대가 무정부 상태로 있던 수십 년, 사마리아인, 암몬인, 아라비아인, 블레셋인 등 사방에서 몰려와 주인 노릇하는 대적들의 비아냥과 방해 공작이 도를 넘어섰다.

이런 난관 속에서 느헤미야는 마치 군대의 '5분 대기조'와 같이 무장하고 일하면서 파수하고, 파수하며 일했다. 그걸 누가 막을 수 있었을까. 방해자들을 비웃듯이 진행하여 보란 듯이 52일 만에 성벽을 중건重建했다.

그러나 적은 또 있었다. 내부의 적이었다. 성벽 공사에 동원되었던 서민들이 감독관들에게 착취당하였다며 눈물로 탄원하는 것이다. 역시 그는 참을 수 없었다. 관리자들을 야단치며 즉각적으로 탕감책을 펼쳤다. 자신이 먼저 본을 보인 것은 물론이었고.

일은 거기서 끝나지 않았다. 완공된 성안에는 주민이 있어야 했다. 주민을 배치하고 그들을 관리할 지도자들을 세우며 국가의 틀을 세웠다. 여기에는 영적 기틀이 더욱 중요했다. 그는 평신도 지도자이기에 당시 제사장인 에스라를 중심으로 영적 부흥 운동도 개진하여 마음을 새롭게 했다.

그러나 그를 향한 도전 세력은 그를 더욱 물고 늘어졌다. 그가 잠시 자리를 비우고 페르시아에 다녀오는 동안 그를 비웃던 반대 세력이 새로 지은 성전의 한쪽 방을 차지하는 걸 보았다. 그의 결기가 가만두지 않았다. 그들의 짐을 내동댕이치며 간단히 척결하고 이어진 개혁조치는 무서우리만치 강력했다. 안식일을 어기는 사람들을 숨어서 지키고 있다가 내쫓는가 하면 때리기도 하고, 율법을 어기는 사람들의 머리털을 뽑으며 제사장직을 더럽힌 자들은 멀리 추방하면서 기강을 세웠다.

인간의 결기는 방향성이 중요하다. 나혜석이라는 인물을 아는가. 그녀는 한국 최초의 여류 서양화가요, 최초의 프랑스 유학파로 구한말의 선각자였다. 수원에서 참판이라는 벼슬 집안에 태어나 깨인 아버지의 교육열 덕에 일본으로 유학하여 서양미술을 공부했다. 그녀는 당시 신여성이라 일컬음을 받으며 자유연애를 삶의 모토로 삼았다.

자신의 똑 부러진 가치관을 일관되게 주장하며 살았다. 일 예로 결혼 조건 중 하나가, 신혼여행지를 죽은 옛 애인의 묘지로 선택하는 기괴함이었다. 그녀는 프랑스 공사로 출장 가는 남편을 따라갔다. 거기서 기미독립선언서 서명 33인 중 한 사람인 최린을 만나 불륜에 빠졌다. 시침 떼고 귀국했지만, 그 사실이 밝혀지는 통에 시댁에서 버림을 받았다.

그 후 그녀는 이혼당한 남편에게 당차게 대들기도 하고 불륜남 최린에게 도전장을 내밀어 여성 평등권을 잡지사에 기고하며 손해 배상을 공개적으로 청구하는 등 결기를 굽히지 않았다. 결국, 시댁, 남편, 불륜남, 그리고 당시 사회의 여론, 모두에게 버려져 걸인으로 살다가 어느 시립병원의 행려병자 숙소에서 죽었다. 병원에서는 그녀가 누구인지도 몰랐다가 시신을 확인하는 절차를 진행하는 과정에서야 나혜석임을 알 수 있었다. 그녀의 엇나간 결기의 방향이 안타까운 인생의 말로를 걷게 했다.

나에게 느헤미야의 결기는 없다. 그러다 보니 목회 선상에서 중요한 카리스마를 발휘해 본 적도 없다. 그래도 그런 나를 멀리하려 하지 않는 우리 성도들이 묵묵히 동행하여 여기까지 왔다. 무엇보다도 이런 나를 이제까지 그냥 목회자로 존재하게 하신 하나님은 얼마나 감사한지. 느헤미야와 같은 결기는 부족하지만, 느헤미야의 기도만큼은 나도 드리고 싶다.

"내가 이와같이 그들에게 이방 사람을 떠나게 하여 그들을 깨끗하게 하고 또 제사장과 레위 사람의 반열을 세워 각각 자기의 일을 맡게 하고 또 정한 기한에 나무와 처음 익은 것을 드리게 하였사오니 내 하나님이여 나를 기억하사 복을 주옵소서" 하나님은 부족하기만 한 나에게도 복을 주실까.

역전

내 인생에 역전이 필요하다. 과연 그런 날은 올까? 심청전이나 춘향전은 양지가 음지 되고 음지가 양지 되는 드라마이기에 짜릿한 쾌감이 있다. 내 인생에 딱 한 번이라도 좋다. 죽기 전 꼭 경험하고픈 역전극이 펼쳐졌으면, 그런 날이 온다면 비 오는 날, 대낮에 밖에 나가서 춤이라도 한판 출 텐데.

에스더서가 보여주는 서사가 딱 그렇다. 에스더는 왕비다. 그녀가 유대인으로서 자신의 민족을 식민 지배하는 대제국 페르시아 왕비가 된 것은 역사의 아이러니다.

아하수에로 왕이 궁중 파티를 벌였다. 그 자리에서 무슨 이유에선지 왕비가 쓸데없는 고집을 부려 폐위되고 에스더는 새 왕비로 간택되었다. 그즈음 에스더의 사촌 오빠 모르드개가 왕을 암살하려는 음모를 발견하여 척결한 공을 세우고 궁중 실록에 기록해 두었다.

그러나 궁궐의 말석에 있는 모르드개가 오만불손한 고관 하만에게 예의를 갖추지 않은 것이 엄청난 화를 불렀다. 하만은 모르드개가 자신에게 불손하다는 생각에 사로잡혀 모르드개만 죽일 게 아니라 페르시아에 있는 모든 유대인을 멸절하리라는 음모를 꾸며 몰살의 날을 제비로 뽑아 결정하고 왕에게 참소하여 윤허까지 받아놓았다.

진짜 이야기는 이제부터다. 불길한 조짐을 알아챈 모르드개는 유대 민족의 평민들과 함께 거국적으로 금식하며 대성통곡 시위운동을 벌였다. 그것은 왕궁 바로 앞에까지 펼쳐져 에스더가 모르드개의 소식을 접하게 되었고 진위를 파악했다. 이때 모르드개와 에스더가 이 난관 앞에서 죽을 각오로 삼 일을 금식하며 기도하기로 약속했다. 그 과정에서 에스더가 모르드개에게 한 그 유명한 말이 '죽으면 죽으리이다' 즉 '죽일 테면 죽이라지요'라는 말이다.

누가 누구를 죽인다는 말인가? 마침 그때는 왕이 왕비를 만나지 않는 기간이었다. 아무리 왕비지만, 대 제국의 왕이 부르기 전에 허락 없이 갔다가 죽을 수도 있는 법. 그래서 금식기도 마치는 날 왕의 허락을 기다리지 않은 채 나아가서 유대인의 위기를 알리고 그 때문에 자신을 죽인다면 그렇게 죽겠다는 다짐이었다.

사흘 금식기도 후, 에스더는 각오대로 무단으로 왕의 뜰앞에 나아갔다. 놀랍게도 에스더를 보는 순간 눈부신 모습에 황홀해진 왕은 그녀에게 소원을 말하라는 뜻밖의 감동을 선사한다. 에스더는 소원 대신 자기가 마련한 만찬에 하만과 함께 와달라 요청한다. 만찬 자리에서 술로 거나해진 왕은 또 소원을 말하라고 하지만 에스더는 다시 하만과 함께 왕림을 당부할 뿐이었다.

그날 밤, 하만은 신이 났다. 왕과 함께 왕비의 전에서 만찬을 받고, 다음에 또 함께 와달라는 당부도 받았으니 모르드개의 목을 매어 달 형틀을 기분 좋게 만들어 세웠다. 그러나 그날 밤, 이상하게도 왕은 잠이 오지 않아서 최근의 왕궁 일지를 읽다가 자신의 암살 위기에서 모르드개가 목숨을 살려준 결정적인 기록을 보게 되었다. 그리고 자신의 생명을 구한 모르드개에게 아무런 상을 베풀지 않았다는 걸 자책하며 어떻게 할지 하만을 불러 방도를 구했다. 왕의 생명을 구한 공을 세운 자에게 무얼 주는 게 가장 좋겠냐는 것. 하만은 당연히 자신이 상 받는 줄로 착각하고 이렇게 말했다.

"그에게 왕의 의복을 입혀 왕의 말에 태우고 왕이 가장 총애하는 신하에게 맡겨서 성을 한 바퀴 돌게 하는 게 좋겠습니다"

하만의 아이디어는 즉각 시행되었다. 하만이 죽이고 싶도록 미워하는 모르드개에게 하만의 아이디어대로 하만이 모르드개를 수종들게 하는 고소한 행진, 그것은 곧 하만에게 일어날 비극의 복선에 불과했다.

두 번째 에스더가 마련한 만찬에 왕과 하만이 마주 앉은 자리에서 에스더는 결정적인 고백을 한다.

"왕이여 나와 내 민족이 팔려서 죽임과 도륙함과 진멸함을 당하게 되었나이다. 그 대적과 원수는 이 악한 하만이니이다."

소스라치게 놀란 아하수에로는 즉각 하만을 체포하여 처형을 지시했다. 역사에는 참으로 묘한 구석이 있다. 하만을 처형한 교수대는 그가 모르드개를 처형하려고 만든 바로 그 형틀이었으니.

에스더서는 그날, 하만이 모르드개의 사형집행일을 제비 뽑아서 잡아둔 날에 도리어 하만을 처형하게 된 역전의 역사를 기억하여, 페르시아어로 제비라는 뜻의 '부르'라는 단어에서 유래된 '부림절'로 지키게 되었다는 설명으로 끝난다.

내 인생에 아직 역전극이 펼쳐지지 않았다. 모르드개와 에스더가 나름대로 열심히 살았지만 그들의 공은 가려지고 위기가 왔듯 나의 인생에도 그런 구석이 있다. 지금도 그 고통은 끝나지 않았다. 그러나 하늘이 무너져도 솟아날 구멍, 거기는 의외로 하늘이라는 게 인생의 아이러니다. 위기의 때, 그때는 하늘을 바라보는 시간이다. 그러하기에 매일 하늘을 바라보며 살고 있다.

에스더서의 묘미는 에스더서 안에 하나님이라는 단어를 한 번도 사용하지 않으면서도 하나님의 역사를 가장 생생하게 보여준다는 데 있다. 오늘 험한 세상을 살아가는 독자 모두에게 '죽일 테면 죽여보라지요' 하는 에스더의 마음으로 두 손 모으며 하늘을 바라보게 하는 책이다. 그러기에 다시금 역전의 시간을 기다리며 기도하는 손아귀에 힘을 주어 본다.

18. 욥기

섭리

욥의 경건은 완벽에 가까웠다. 일테면 자녀의 생일잔치가 끝나고 혹시 흐트러져 하나님께 욕을 돌리지 않았을까 하여 번제燔祭를 드릴 정도였다. 성경의 표현을 그대로 빌자면 "온전하고 정직하여 하나님을 경외하며 악에서 떠난 자"였다. 그러나 사탄은 욥을 참소하여 공격할 빌미를 하나님께 부여받았다.

그의 수천 마리 가축이 졸지에 몰살되었다. 아들 일곱이 하루아침에 시체가 되었다. 온몸에 종기로 뒤덮여 기왓장으로 몸을 긁었다. 그의 아내가 하나님을 욕하고 죽으라 했지만, 많은 복을 누렸으니 화도 받는 게 당연하다며 인고忍苦했다. 그러나 여기까지는 프롤로그에 불과하다.

성경을 좀 안다는 사람은 욥을 '인내의 승리자'라고 한다. 모르는 소리다. 제아무리 잘난 인간도 고통 앞에 장사는 없다. 아내의 질타를 일축했지만, 흔들리는 내면은 불붙은 가시덤불이었다.

그에게 핵폭탄급 불행이 닥쳤다는 소식을 들은 세 친구가 찾아오자 기다렸다는 듯 자신의 생일을 저주했다. 이건 불효막심한 자식이 부모에게 '왜 나를 낳았어요?'라고 대드는 것과 같다. 친구들은 위로는커녕 인과응보 생각만으로 분명 그에게 숨겨둔 죄가 있을 것이라 단정하고 실토와 참회만 강요했다. 때리는 시어머니보다 말리는 시누이가 더 미운 격의 친구들이었다. 이유를 알 수 없는 지옥이 펼쳐졌지만 가장 큰 고통은 그가 숭앙하는 하나님의 침묵, 영적 고통이었다.

욥기를 읽는 내내 불편하기는 나도 마찬가지였다. 그토록 경건한 의인이기에 하나님이 사탄에게 자랑했던 욥을 왜 사탄이 괴롭히도록 허용하셨을까. 왜 그에게 그토록 깊은 침묵을 하실까. 이러한 고민은 독자 대다수의 공통된 것이어서 전문가들은 욥기의 주제를 '의인의 고통에 대한 영적 의미'로 삼는다.

그것은 학자들의 견해에 맡기기로 하고 내가 읽으며 가슴 한쪽이 그나마 시원했던 구절은 아이러니하게도 그가 하나님을 크게 원망하는 부분이었다.

"그가 나를 꺾으시며 내 목을 잡아 나를 부서뜨리시며 나를 세워 과녁을 삼으시고 그의 화살들이 사방에서 날아와 사정없이 나를 쏨으로 그는 내 콩팥들을 꿰뚫고 그는 내 쓸개가 땅에 흘러나오게 하시는구나"

인간은 누구나 자신의 고통이 이해하기 힘들 때 침묵하는 신을 향해 달려들어 따지고 싶지 않은가. 이 부분을 읽으면 영화에서 악인에게 쫓기던 나약한 여성이 휙 돌아서서 마구마구 소리 지르는 것 같아 카타르시스를 느낀다.

괴테는 욥기의 문학적 가치를 '인간이 쓴 모든 문자 가운데 최고의 것'이라고 말했다. 약 사천 년 전의 고대에 인간의 분노, 슬픔, 절망을 이토록 실감나게 표현했으니 그저 놀랍기만 하다. 어쩌랴, 나도 하나님께 항변하는 욥의 불경不敬에 이토록 공감되는 것을.

그러나 그의 아내 말대로 하나님을 이렇게 욕했지만, '그러나 내 손에는 포학이 없고 나의 기도는 정결하니라'라고 고백하는 고결함을 간직하기도 했다.

욥의 경우와 똑같지는 않지만, 나에게도 옥죄는 고통이 있다. 도저히 발설하면 안 되는 나만의 고통, 이십 년이 넘도록 해결되지 않는 염려의 문제, 하나님마저도 이 기도를 외면하신듯한 마음의 무거움이 있다. 이 고통을 누가 알아줄까. 하나님이 분명 아실 텐데 욥에게처럼 내게도 침묵 중이시다.

지금도 그 사람을 생각하면 입맛이 떨떠름한 사람이 있다. 사람에게 크나큰 배신을 당하여 죽을 듯이 괴롭다. '하나님은 어디에 계시는가?' 이런 생각까지 드는 게 사실인 걸 어쩌랴.

욥의 고통을 두고 지루한 갑론을박을 하던 때 드디어 하나님이 침묵을 깨신다. 하나님은 욥에게 창세創世의 순간에 어디에 있었는지, 하나님이 만물과 우주를 어떻게 섭리하는지 아느냐고 따지듯 물으셨다. 욥은 의로움, 죄악, 행복과 고통이 온 우주 질서와 맞물려있고 하나님은 그 전부를 섭리하고 있음을 깨달았다. 고통에 매몰되어 탄식과 원망만을 겁도 없이 한 것이 지고至高하신 분 앞에 찧고 까불었던 것임을 깨달았다. 결국 광대무변廣大無邊하신 하나님 앞에 티끌 무릅쓰고 참회했다. 그럼에도 늦게나마 신의 섭리를 깨닫고 꿇는 욥의 무릎을 가상히 여기시고 온전히, 그 아픔 이전의 삶으로 회복시키셨다. 그에게 다시 재벌급 가축이 생겼고 아들 일곱과 미녀 삼총사가 태어났으며 백사십 년을 더 살았다. 이렇게 욥기의 에필로그는 해피엔딩이 되었다.

책을 덮으며 그는 인내의 승리자라기보다, 어쩔 수 없이 현대의 나와 다를 바 없는, 신음하고 울부짖고 원망하고 그러다가 찬양하는 순진한 한 인간이었음을 느꼈다. 그런 인간이 신의 섭리에 설복되어 참회하고 은혜를 회복한 것이다.

욥의 고통을 일억이라 하고 나의 고통을 일이라 해도 고통은, 고통이다. 인생은 다 아프다. 그러하기에 그분의 섭리 앞에 고요히 무릎 꿇는 수밖에 없지 않은가. 이 순간도 창조주의 섭리가 온 우주에 순행하고 있다. 그 섭리에 제대로 설복되는 길이 욥의 해피엔딩을 내 것으로 만든다.

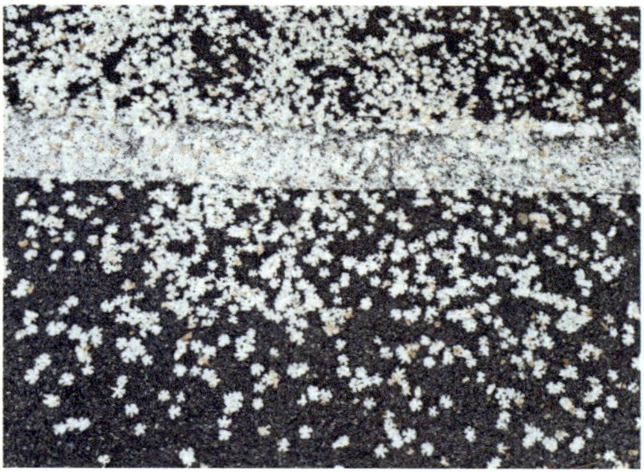

알고 싶어요

아스팔트의 영혼
떨어진 꽃잎의 아픔
그 위에 구르는 일상

당신의 손 안에서도
왜
이래야 하는지요

찬양

두꺼운 성경책을 아무 생각 없이 어림짐작으로 펴면 대충 가운데 집게 되는 부분이 시편이다. 모두 백오십 개의 시를 모은 이 책의 절반가량을 지은 다윗은 세상 모든 시인의 모델이다. 그는 형제가 많은 목축업자의 가정에서 막내로 태어난 목동이었다. 다윗은 어린 나이에 양을 치러 들에 있다가 당시 영적 지도자 사무엘로부터 부름을 받고 하나님이 지목하시는 차세대 왕으로 기름 부음을 받았다. 얼마 안 되어 그 유명한 골리앗과의 맞대결로 역사적 인물이 되었다.

그가 물맷돌로 거한 골리앗을 누인 사건은, 나에게 있어 가난한 중학교 시절 신문사에 시를 보낸 사건과 행복하게 오버 랩 된다. 어느 날, 서무실에서 나를 불렀다. 당연히 등록금을 빨리 가져오라는 독촉이려니 했다. 그런데, 그게 아니었다. 며칠 전에 보냈던 신문사 투고 시가 입선되었고 상장과 선물이 서무실로 온 것이다. 며칠 후, 석유 냄새나는 일간 신문에서 내 이름 석 자 아래에 활자화된 시를 읽었다. 그 시를 칠십을 바라보는 지금까지 기억하고 있다. 거한 골리앗과 같은 현실을 향해 초라한 소년이 던진 물맷돌의 승리 같은 감동 때문이다. 그날의 감동을 평생 안고 살다가 몇 년 전에 시인으로 등단했다. 가슴에 감동이 고여있다는 건 이런 것이다.

다윗은 그 강렬한 경험을 시작으로 당대 최고의 인기를 구가하며 장수의 반열에 올랐다. 그러나 그것이 사울 왕의 질투를 촉발하여 사울이 죽기까지 망명자의 신세가 되었다. 인생은 참으로 아이러니하다. 다윗의 많은 시가 그 피난살이에서 주로 나왔으니 말이다. 많은 이가 종교와 무관하게 애송하는 시, 정신과 의사가 우울증 환자 치료 수단으로 처방하기도 한다는 '여호와는 나의 목자'라는 표제가 붙은 시 23편은 그가 사울을 피하여 굴속에 숨은 상태에서 지었다고 전해진다.

'내가 사망의 음침한 골짜기로 다닐지라도 해를 두려워하지 않을 것은 주께서 나와 함께 하심이라 주의 지팡이와 막대기가 나를 안위하시나이다

주께서 내 원수의 목전에서 내게 상을 차려주시고 기름을 내 머리에 부으셨으니 내 잔이 넘치나이다'

인생이 언제나 위기만 있는 건 아니다. 행복에 겨워 어찌할 바 모를 순간도 있다. 그리고 대부분은 평범한 일상이다. 모태에서부터 부여받은 오욕칠정을 느끼며 갑남을녀 중 하나로 온 우주에 충만하게 존재하시는 여호와 하나님 안에 살고 있다. 바로 그 감동을 시로 표현한 글들이 '시편'이라는 제목으로 정중앙에 있다. 인간 삶의 맨 가운데에 하나님을 찬양하는 노래가 있다는 암시를 느끼게 한다.

시편은 엄밀히 말해 노래책이다. 악보가 없던 고대에도 노래는 있었기에 시를 적어놓고 웅얼거리면 음률이며 박자가 형성되고 그게 노래가 되었다. 시와 찬양은 특정인의 것이 아니다. 모두가 시인일 수 없지만 어떤 음치에게도 가슴에 고인 노래는 있을 수 있다. 시편의 저자들 가운데는 모세나 솔로몬 같은 유명인도 있지만, 시편의 절반은 아삽이니, 에단이니, 고라 자손들이니 하는 무명의 평신도들이 남겼다. 나약하고 병든 인간, 죄악으로 범벅인 인간, 미물보다 약간 우월한 정도의 인간이 천지 창조의 하나님을 노래한다는 건 얼마나 큰 특권이며 영광인가.

좀 자세히 보면 시편이 찬양 일색은 아니다. '우슬초로 나를 정결하게 하소서/내가 정하리이다/나의 죄를 씻어 주소서/내가 눈보다 희리이다'라고 하는 참회가 있는가 하면, '우리가 바벨론의 여러 강변 거기에 앉아서 시온을 기억하며 울었도다/그 중의 버드나무에 우리가 우리의 수금을 걸었나니/이는 우리를 사로잡은 자가 거기서 우리에게 노래를 청하며 우리를 황폐하게 한 자

가 기쁨을 청하고 자기들을 위하여 시온의 노래 중 하나를 노래하라 함이로다' 같은 깊은 슬픔의 탄식도 있다. 또 '그의 연수를 짧게 하시며 그의 직분을 타인이 빼앗게 하시며/그의 자녀는 고아가 되고 그의 아내는 과부가 되며/그의 자녀들은 유리하며 구걸하고 그들의 황폐한 집을 떠나 빌어먹게 하소서' 같은 저주의 말도 있다. 심지어 '내 하나님이여 내 하나님이여 어찌 나를 버리셨나이까/어찌 나를 멀리하여 돕지 아니하시오며 내 신음소리를 듣지 아니하시나이까/내 하나님이여 내가 낮에도 부르짖고 밤에도 잠잠하지 아니하오나 응답하지 아니하시나이다' 라고 울부짖으며 원망하는 노래들도 있다.

시편은 이와 같이 인간의 사소한 일상 속에서 하나님께 자신의 부정적인 감정까지도 숨김없이 보여 드리는 노래이기에 진정한 찬양인 것이다.

군 시절, 내게도 사망의 음침한 골짜기가 있었다. 급성 폐렴으로 허파꽈리 실핏줄이 터져 후송병원에 입원했었다. 군의관은 내게 노래 금지령을 내렸다. 노래를 부르면 들숨 날숨의 공기가 기관지 벽 예리한 실핏줄을 건드리고 핏줄이 터질 우려가 크기 때문이었다. 어느 날 군인교회 예배 시간에 복음성가를 큰 소리로 부르다가 군의관에게 눈에 띄어 호되게 야단을 맞았다. 지금까지 만성기관지염의 걸그렁 소리는 달고 있지만, 많은 위로를 받으며 군의관에게 야단을 맞으면서도 눈물로 불렀던 이 복음성가는 폐부 깊숙이 사라지지 않고 있다.

이 세상 사는 길 엠마오의 길/끝없는 슬픔이 앞길을 막으나
주 예수 우리들에게 나타나시사/새 소망 주심을 믿사옵니다
(김두완 작사, 작곡. '엠마오 마을의 두 제자' 2절 가사)

어느덧 머리칼이 은회색으로 물들었다. 하나님이 목자 되신 그의 어린 양으로 살아온 인생, 어떻게 마무리할까. 시편 마지막 편의 마지막 행은 '호흡이 있는 자마다 여호와를 찬양할지어다 할렐루야'이다. 인생의 총 결론은 찬양이다. 내 인생도 호흡이 있는 순간까지 영혼 깊숙이 자리한 찬양이 있을 때 그 의미가 되살아난다. 할렐루야~!!

20. 잠언

코칭

복싱 경기를 보았는가? 두 선수가 사각의 링에서 난타전을 벌인다. 그때 링 바깥쪽에는 선수보다 더 심각한 얼굴로 목이 터지도록 작전을 외치는 코칭스탭이 있다. 잠언은 하나님 백성들에게 싸움터 같은 세상에서 비둘기 같은 순결함과 뱀 같은 지혜로 살도록 인도하는 코칭 멘트 모음집이다. 잠언을 그래서 지혜의 책이라고 한다. 잠언은 단언한다. '여호와를 경외하는 것이 지식의 근본이거늘 미련한 자는 지혜와 훈계를 멸시하느니라'라고. 생존 경쟁에서 승리의 비결은 코치의 말을 전적 신뢰하는 것인데, 바보일수록 코치의 말을 우습게 여긴다. 그래서 '지혜가 길거리에서 부르며 광장에서 소리를 높이며 시끄러운 길목에서 소리를 지르며 성문 어귀와 성 중에서 그 소리를 발하'니까, '듣고 돌이키라'고 외친다.

'잠언'이라는 명칭은 '다스리다' 라는 뜻의 히브리어 '마샬'에서 왔다. 백성을 다스리는 책이라는 뜻이다. 한문으로 '箴言'은 바늘로 찌르는 말이라는 뜻이다. 어리석은 백성을 송곳이나 바늘로 찌르듯 정곡을 찔러 바로 잡아주는 인생의 안내서인 것이다.

잠언은 전체적으로 스토리가 없어 무미건조하다. 자칫 졸음이 올 수 있다. 그러나 읽어 내려가다 보면 때로 긴장하게 되고 돌아보게 되고 고개를 끄덕이게 된다. 독자의 현실을 예리하게 지적하기 때문이다. 도리어 명쾌하다.

예를 들면, 지혜의 가치를 말하는 부분은, '지혜를 얻는 것이 은을 얻는 것보다 낫고 그 이익이 정금보다 나음이니라 지혜는 진주보다 귀하니 네가 사모하는 모든 것으로도 이에 비교할 수 없도다'와 같이 댓구와 비교, 논리적 반전 같은 것을 짤막짤막하게 사용하여 지루할 틈을 주지 않는다. 어떤 표현은 웃음이 날 정도로 사실적이다.

예를 들어, '대저 젖을 저으면 엉긴 젖이 되고 코를 비틀면 피가 나는 것 같이 노를 격동하면 다툼이 남이니라' 인간의 분노를 지나치게 표출하다 보면 다투게 되니 서로 감정의 조절이 필요함을 가르친 것이다. 또, '다투며 성내는 여인과 함께 사는 것보다 광야에서 혼자 사는 것이 나으니라' 부부가 불화하며 산다는 건 광야에서의 홀로살이만큼 큰 고통이니 서로 말을 삼가며 화목하게 살라고 과장법을 동원하여 강조했다. 그리고, '아름다운 여인이 삼가지 아니하는 것은 마치 돼지 코에 금 고리 같으니라'는 말에 무슨 해석이 필요하랴. 촌철살인寸鐵殺人의 극치다.

잠언의 특징은 다분히 현실적이고 구체적이다. 구원받기 위한 교훈이 아니고 이미 구원받은 사람들의 현실 삶에 대한 지침서요 자기계발서라고 할 수 있다. 금주禁酒에 대한 교훈, 바람피우는 남자와 여자의 말로末路, 보증을 함부로 섰다가 당하는 낭패, 게으름을 피우며 살다가 당하게 되는 가난, 혀를 조심하라는 언행의 주의사항, 건강 관리를 위해 꿀을 섭취하되 지나지지 말 것, 인간관계에서 물질을 주고받음에 조심할 일, 가난한 이웃에게 자선을 베푸는 것은 하나님께 빌려드리는 것이기에 반드시 보답을 받게 되어있다는 등의 말씀들이다. 이뿐 아니라, 유교의 강조점인 충, 효, 예가 잠언에도 모두 있다.

나는 평생을 목회자로 살았다. 목회자는 기본적으로 교회를 부흥시키고 일구어야 할 책임이 따른다. 교회를 개척하여 삼십여 년을 했으나 교세가 신통치 않다. 물론 교세의 정도가 목회자의 평가 기준은 아님에도, 아쉬움은 늘 있다. '네 양 떼의 형편을 부지런히 살피며 네 소 떼에게 마음을 두라'는 말씀에 내 목회적 성실을 비추어보면 양 떼와 소 떼로 비유되는 성도들의 삶에 마음을 두고 부지런히 살피지 못한 것은 아닐까 싶어 하나님께 죄송하고 부끄럽다.

십수 년 전 부교역자로 사역하던 사람이 여러 성도의 마음을 훔쳐 합세하여 따로 교회를 만든 사건이 있었다. 돌아보면, 나의 어리석음이 많았다. 그 당시 사회는 자가용을 소유하는 시대가 활짝 열리던 때였다. 그때 왜 그렇게 사회 흐름에 민감하여 자동차를 소유하고 싶어 교회에 구체적으로 요구까지 했을까, 다스리지 못한 내 마음의 틈새로 그들이 나를 욕심 사나운 목사로 이간하고 충동하게 되었으니 말이다.

'차라리 새끼 빼앗긴 암곰을 만날지언정 미련한 일을 행하는 미련한 자를 만나지 말 것이니라'는 말씀에 비추어보면, 새끼 뺏긴 암곰 이상으로 무서운 나의 미련함이 나와 우리 교회 공동체에 큰 고통을 준 매우 부끄럽고 두고두고 교회와 하나님께 죄송스러운 사건이었다.

잠언은 대부분을 솔로몬이 썼지만, 마지막 부분은 아굴이라는 사람의 저작이다. 그가 남긴 기도문은 많은 성도에게 모델이 되었다.

'내가 두 가지 일을 주께 구하였사오니, 내가 죽기 전에 내게 거절하지 마시옵소서. 곧 헛된 것과 거짓말을 내게서 멀리하옵시며 나를 가난하게도 마옵시고 부하게도 마옵시고 오직 필요한 양식으로 나를 먹이시옵소서 혹 내가 배불러서 하나님을 모른다, 여호와가 누구냐 할까 하오며 혹 내가 가난하여 도둑질하고 내 하나님의 이름을 욕되게 할까, 두려워함이니이다'

이 얼마나 순진무구한 기도인가. 세상을 살되 하늘을 바라보는 자가 드릴 기도의 말까지도 잠언은 친절하게 코칭한다.

잠언의 대미는 하나님의 코칭을 따라 제대로 살아낸 사람이 받는 미래의 상급에 관하여 말하는 것으로 장식한다.

'고운 것도 거짓되고 아름다운 것도 헛되나 오직 여호와를 경외하는 여자는 칭찬을 받을 것이라. 그 손의 열매가 그에게로 돌아갈 것이요 그 행한 일로 말미암아 성문에서 칭찬을 받으리라'

정말 그렇다. 잠언이 주는 인생 코칭에 귀 기울이는 것은 세상에서 가질 가장 큰 지혜이다.

인생

'에미'가 죽었다. 십여 년 전 청주 육거리 시장에서 오천 원의 거래로 시작된 나와 만남은 가을바람 스산한 숲에서 끝났다. 아직도 짖어야 할 무엇이 있었는지 눈을 뜬 채 부석부석한 밤색 털에 덮여 굳어있는 녀석의 육신을 낙엽 헤치고 묻었다.

개로 태어나 교회 마당 한쪽에 철망 펜스로 지어진 널찍한 공간에 팔자 좋게 목줄 한번 채워지지 않고 십여 년을 살았다. 교회의 아이들이나 애견가들의 사랑을 받으며 살았던 생이 지금 흙에 묻혀있는 녀석에게 무슨 의미가 있으랴.

첫 새끼를 낳기까지 이름도 없다가 제가 낳은 새끼와 구분하기 쉽게 인간들이 '에미'라고 부른 것이 이름으로 지어진 것뿐 녀석에게 어떤 명예도 주어지지 않았다. 녀석은 그토록 꼬리치면 반겼던 나의 기억 속에는 물론 녀석을 보아왔던 모든 사람의 기억 속에 잊힐 것이다.

인간의 생명이 가치 없이 끝나는 경우를 가리켜 '개죽음'이라고 한다. 전도서의 저자라고 알려진 솔로몬 시대에도 그런 말이 있었을까. 전도서의 첫 장을 읽다 보면 성경을 읽는 건지 불경을 읽는 건지 구분이 안 될 정도다. 인생을 살아보니 '공수래공수거'(空手來空手去), 모든 것이 바람을 잡으려는 것 같이 헛되다는 것이다. 에미로 이름 지어졌던 짐승 한 마리와 인간의 가는 길이 크게 다르지 않은, 심하게 말하면 인간의 죽음도 개죽음이라는 것.

그가 인생을 그렇게 보았다는 건 참으로 아이러니하다. 요즘 흔한 말로 팔자 좋게 태어난 사람을 가리켜 '금수저' 인생이라 한다. 그렇게 치면 고대에 태어난 그는 다이아몬드 수저급 인생이었다. 이스라엘 역사 속에서 지금까지도 성군으로 존경받는 다윗왕의 아들이라는 특권에, 부여받은 부귀영화 역시 전무후무했다. 집권 초기에 그는 하나님께 일천 마리의 제물로 번제를 드린 후 그의 꿈에 나타나서 소원을 물으시는 하나님께 오로지 백성을 잘 다스리는 지혜만을 구했다. 그를 기특하게 여기신 하나님이 그가 구했던 지혜는 물론 보통 사람은 상상할 수 없는 어마어마한 지식과 부귀영화를 주셨다. 그의 국내외 인기가 하늘을 찔렀다. 현대에도 '솔로몬의 지혜'니, '솔로몬의 부귀영화'니 하는 말이 회자 되지 않는가. 물론 그의 삶에도 웬만큼 힘겨운 과정이 없덨 건 아니었지만, 누구나 겪는 성장통 정도였다.

이러한 극상층極上層의 삶을 누린 사람치고는 어이없는 인생론이다. 어쩌면 그의 쾌락이 도리어 인생의 허무를 보게 하였는지도 모를 일이다. 아무튼 '왕은 후궁이 칠백이요 첩이 삼백 명이라' 했으니 상상하기 어려운 쾌락도 있었는데 이것이 독이었을까. 이러한 인생의 극점에서 다른 쪽에 있는 극도의 부조리한 세상을 보았다. 빈익빈 부익부가 상존하고, 반역과 모략, 가진 자의 횡포와 권력자의 폭력이 정당화되는 것에 환멸을 느꼈다. 출신이 좋지 않게 태어나 왕이 되는 위대한 인생역전을 이루어도 후세의 사람들이 기억하지 못하는 허무, 영원히 기억될 공적을 세운 사람도 속절없이 잊히는 삶을 부조리라고 느꼈다. 살면서 누리는 그 어떤 쾌락도 이렇게 정의했다.

"내가 웃음에 관하여 말하여 이르기를 그것은 미친 것이라 하였고 희락에 대하여 이르기를 이것이 무슨 소용이 있는가 하였노라"

인생의 건강이나 생명은 소중한 것이 분명한데 그마저도 유한한 것이라서 때를 놓치면 영원히 돌이킬 수 없는 허무의 강으로 사라진다. 그래서 눈앞에 있는 기회를 놓치지 않도록 유의하고 서로를 사랑하며 유대를 돈독히 하고 더욱이 더 나은 삶을 위하여 연구하고 책을 쓰지만, 이것도 피곤한 일일 뿐 헛되다고 한다.

나는 목회를 꼭 삼십일 년 했다. 지금도 그날을 생각하면 가슴이 벅차오른다. 내가 현재 교회의 개척 목사로 결정되었음을 통보받던 날, 개척할 교회 부지를 계약금, 중도금, 잔금을 치르고 속칭 땅문서를 손에 받아들고 마치 온 세상을 얻은 듯, 하나님은 나 하나만을 위해 존재하시는 듯했다. 그날의 설렘을 안고 목회해 왔고 이제 그 마침 점을 찍어야 할 시간이 다가온다. 설렘은 잠시였고 교회를 이어오는 과정을 거쳐 많은 파고를 겪었다. 인생의 목표는 오로지 교회의 부흥과 발전이었다. 그것이 나를 목사로 부르신 뜻에 합당한 것이려니 하고 여기까지 달려왔다. 그러나 나 역시 바람을 잡으려 하는 행동은 아니었을까. 지금 가슴 한편에 찾아온 허전함이 그것을 말하고 있다. 이제 숱한 시간을 뒤로하고 앞으로 당장은 내 생명이 다하기까지 몸을 지탱하며 살 장소를 찾아야 한다.

사람이나 짐승이나 태어나면 모두 죽는다. 그런 삶의 수레바퀴 속에서 어떤 마음가짐으로 살 것인가가 중요하다. 솔로몬이 전도서를 통해 이것을 말하고자 했을 것이다.

"일의 결국을 다 들었으니 하나님을 경외하고 그의 명령들을 지킬지어다 이것이 모든 사람의 본분이니라 하나님은 모든 행위와 모든 은밀한 일을 선악 간에 심판하시리라"

행불행을 막론하고 유한한 인생을 사는 인간이 하나님을 떠나 사는 것이야말로 가장 큰 허무이고 그것을 극복하는 길은 오로지 하나님뿐임을 남기고 싶었을 것이다. 그래서 "다윗의 아들 예루살렘 왕 전도자의 말씀이라"고 말문을 열었던 책의 제목을 '전도서'라 한 이유를 이제 알겠다.

연가 戀歌

내가 이십 대 시절 좋아했던 대중가요가 있다.

사랑이란 말은 너무너무 흔해/너에게만은 쓰고 싶지 않지마는/달리 말을 찾으려 해도 마땅한 말이 없어/쓰고 싶지 않지마는 어쩔 수가 없어/그대 곁에 있는 순간 모든 걱정 사라지고/어찌하면 그대를 즐겁게 해줄까 하네

(임병수 노래 "사랑이란 말은 너무너무 흔해" 가사)

유치하기 그지없는 이 가사를 당시 교육전도사로 성직자의 길을 걷기 시작했던 젊은 날에 나는 왜 그토록 좋아했을까. 그때 나는 지금의 아내에게 폭 빠져있었다. 구절구절 내가 애태워 사랑하는 마음을 대신 표현해 주고 있기 때문이었다.

어디 나뿐이랴, 이 세상 모든 남녀는 사랑 없이는 살지 못한다. 남과 여로 존재하는 모든 사람에게 고상할 필요 없는 에로틱한 사랑이 있어야 한다. 그러하기에 성경의 한복판에 달콤한 사랑 노래인 아가雅歌를 적어놓았다. 육체적인 사랑도 사람의 일이기 때문이다.

남녀 간 사랑은 뜨거워야 하고 자기만의 것이어야 한다. 은밀해야 한다. 그래서 아가의 끝부분에는 '너는 나를 도장같이 마음에 품고 도장같이 팔에 두라'고 명령조로 말한다. 모골이 송연하게 들려오는 '사랑은 죽음 같이 강하고 질투는 스올 같이 잔인하며 불길 같이 일어나니 그 기세가 여호와의 불과 같으니라'는 이 말은 내 사랑이 이 정도이니 알아서 하라는 말이다. 그리고, '많은 물도 이 사랑을 끄지 못하겠고 홍수라도 삼키지 못하나니 사람이 그의

온 가산을 다 주고 사랑과 바꾸려 할지라도 오히려 멸시를 받으리라'고 사랑의 가치에 대하여 못을 박는다.

아가雅歌는 사랑 노래다. 솔로몬이라는 왕이 술람미라고만 알려진 시골에서 양치기 처녀와 주고받는 노골적인 사랑의 언어들로 만든 가사집이다. 그리움에 가득해 애인을 찾아 헤매는가 하면 찾아도 찾을 수 없어 안타까워한다. 또 집 문 앞에서 두드렸지만, 애인이 씻고 누웠다가 어기적거리는 사이에 남자는 실망하고 삐져서 가버리기도 한다. 여자는 자신의 망설임 때문에 소심하게 가버린 남자를 생각하며 후회하고 자책하며 찾아 나서고 사람들에게 찾아달라고 애걸하기도 한다.

성경이 거룩한 말씀이라고만 생각하는 독자들의 선입견과는 상관없이 서로의 외모를 예찬하는 낯뜨거운 표현도 서슴지 않는다.

'네 두 뺨은 땋은 머리털로, 네 목은 구슬꿰미로 아름답구나' 이 정도는 고상한 표현이다. '왕이 침상에 앉았을 때에 나의 나드(nard) 기름이 향기를 뿜어냈구나'를 보면 둘만의 운우지락雲雨之樂을 상상하고도 남는다. '나의 사랑하는 자는 내 품 가운데 몰약 향 주머니'라고 말하는 이유가 무엇일까? '나의 사랑하는 자는 내게 엔게디 포도원의 고벨화 송이'나, '네 눈이 비둘기 같기도' 하겠지만 '네 입술에서는 꿀 방울이 떨어지고 네 혀 밑에는 꿀과 젖이 있고' '네 넓적다리는 둥글어서 숙련공의 손이 만든 구슬꿰미 같은' 은밀한 속살부터 '배꼽'이며 '유방은 암사슴의 쌍태 새끼 같으니' 남자의 마음이 어찌 황홀하지 않으랴.

처녀가 솔로몬을 보는 황홀함도 똑같다.

'왼팔로 내 머리를 고이고 오른팔로 안는' 그 남자가 멋진 '목소리로' '산에서 달리고 작은 산을 빨리 넘어'와서는 '벽 뒤에 서서 창으로 들여다보며 창살 틈으로' 자신을 '엿보는' 짜릿한 스릴을 느낀다.

역설적이게도 성경이 인간 구원을 위한 하나님의 편지라는 걸 아가를 통해 확실히 알 수 있다. 인간은 이성에 탐닉하고픈 본능이 있다. 남자는 여자의 몸을 보고 싶어 하고 여자는 남자의 품에 안기고 그 음성을 듣고 싶어 하지 않은가. 그런 욕망을 가진 인간이기에 인간을 창조하시고 다스리는 창조주가 필요하다는 걸 역설한다.

경북 안동에서 이응태라는 사람의 묘를 파묘 하다가 그의 부인이 써서 묻은 애절한 편지와 그녀의 머리카락을 잘라서 엮어 만든 미투리 한 켤레를 발견했다. 아내는 남편을 하관하기 전날 이 편지를 쓴 후 함께 묻은 것으로 발굴단에 의해 조사되었다. 아내는 자신의 머리칼로 미투리를 만들어 남편의 쾌차를 위한 주술적 기도를 드렸고 효험 없이 남편이 죽자 그 미투리를 신고 꿈길을 걸어 나타나 달라는 뜻으로 함께 묻었다고 추측되었다. 미투리와 함께 관에 묻은 편지의 내용에는 부부만이 나누는 이불 속 대화를 상상하게 하는 문장들이 있다.

'당신, 항상 나더러 둘이 머리 세도록 살다가 함께 죽자 하시더니 어찌하여 나를 두고 당신 먼저 가셨나요. 나하고 자식하고는 누구에게 구걸하여 어찌하여 살라 하고 다 던지고 당신 먼저 가셨나요. 언제나 당신 옆에 누워서 내가 말했죠.

'여보, 남들도 우리같이 서로 어여삐 여겨 사랑할까요? 남들도 우리 같을까요?'

그런데, 어찌 그런 일을 생각지도 않고 나를 버리고 먼저 가시는가요?. 당신을 여의고 아무래도 나는 살 수가 없어 얼른 당신께 가고자 하니 날 데려가 주세요. 이 편지 자세히 보시고 내 꿈에 와 보이시고 일러 주세요.

나는 꿈에서 당신을 보리라 믿고 있으니 몰래 모습을 보여주세요.'

동서고금을 막론하고 사람 사는 게 거기서 거기이듯, 남녀 간 사랑도 성경의 본향인 이스라엘이나 동양의 한쪽 지역의 조선 땅에서도 거기서 거기다.

결국, 아가는 남녀의 애절한 사랑 노래이기는 하지만, 이런 인간의 속성을 잘 이해하고 있는 하나님의 인간을 향한 사랑 노래요, 인간의 하나님을 향한 사랑 노래, 달콤한 연가라고 해도 반박할 사람은 없을 것이다.

경고

좀 불안하다. 올 연초 언제부턴가 대변 모양이 수상했다. 아픈 데는 없지만, 변비다 싶었는데 설사로 바뀌었다가 완전 정상이다가 뭔가 미진하게 잔변감이 있다. 한 십여 개월 되었으니 대장암이나 무슨 수상한 징후 아닌가 싶어 영 찝찝하다. 그래도 병원에는 가기 싫다. 인터넷 검색을 통해 알 수 있는 대장암의 예닐곱 가지 징후 가운데 이 두어 가지 정도니 딱히 암이라 단정할 수 없지 않은가. 달포쯤 지나 해가 바뀌면 2년에 한 번 받는 정기검진을 받고 그에 따라 조치하면 된다. 비록 불쾌하기도 하고 힘겹지만 검진받는 이유는 몸이 보내는 경고에 반응하여 조치하기 위함이다.

경고는 협박이 아니다. 불안감을 이용하여 잘 대처하여 건강한 몸을 가지라는 다정하고 따끔한 사랑의 신호음이다. 이 선의를 잘 알아차리고 응답했을 때 건강을 누리는 건 상식이다.

주전 7백 수십여 년, 아브라함의 후손이 북측은 '이스라엘'로, 남측은 '유다'로 분단되어 각기 다른 정부를 이루고 있었다. 그때, 유다에 하나님이 외치는 경고음이 들렸다. 겨우 십 대에 왕이 되어 남측 유다를 부강하게 했지만, 제사장의 고유 권한인 제사권을 경홀히 여기고 자신이 직접 제사를 집행하려는 행위로 영적 질서를 어지럽혀 그 징계로 문둥병에 걸린 웃시아가 죽던 해에 이사야는 부르심을 받았다. 영적 권위가 크게 흔들린 시대에 성전으로 그를 부르신 하나님은 패역한 백성에게 경고의 음성을 외칠 자로 누구를 보낼까 탄식하셨다, 자신이 가겠노라 다짐하는 그에게 들린 음성은 백성이 들어도 깨닫지 못하고 보아도 알지 못하게 하라는 명이었다.

가난한 자를 괴롭히고 우상 숭배에 몰입한 유다를 앗수르와 바벨론의 힘을 사용하여 심판하실 예정인데, 그들이 아예 구원받지 못하게 하라는 정도로 준엄했다. 그러나 역설일 뿐, 진정으로 그들이 돌아서기를 바라는 하나님의 외침은 너무나도 간절했다.

예언자 이사야 인생의 한 꼭지에 장장 3년간 수도 예루살렘 거리를 벌거벗고 다니는 퍼포먼스를 감행할 수밖에 없었던 때도 있었다. 그 당시 역사적으로 유다 백성들은 이집트에 대한 정치, 경제적 의존도가 아주 높았다. 그것은 우리 역사 속에서 조선이 중국을 바라보던 시선과 비슷했다고나 할까. 가뭄이 와도 이집트, 전쟁이 와도 피란처를 이집트로 여겼다. 범죄한 유다의 종아리를 치는 회초리로 사용될 북쪽 지역 앗수르를 피하여 이집트로 도망치려는 그들에게 하나님은 코웃음 치듯 이사야에게 그 명령을 내리셨다.

그들이 두려워하는 앗수르가 세력을 확장하여 유다를 위협할 때에 그들이 그토록 의지하는 이집트도 별수 없이 앗수르에게 끌려가게 되고 그 끌려가는 예표를 이사야가 벌거벗은 몸으로 보여주라는 것이었다.

'이와 같이 애굽의 포로와 구스의 사로잡힌 자가 앗수르 왕에게 끌려갈 때에 젊은 자나 늙은 자가 다 벗은 몸과 벗은 발로 볼기까지 드러내어 애굽의 수치를 보이리니그들이 바라던 구스와 자랑하던 애굽으로 말미암아 그들이 놀라고 부끄러워할 것이라'는 경고였다.

이사야의 음성은 보잘것없는 나약한 인간에게 피하지 말라는 것이었다. 하나님의 징계가 무서우면 무서울수록 하나님 품에 달려가 안기라는 뜻이었다. 그의 말을 듣고 가장 경각驚覺했던 사람은 왕도 제사장들도 어떤 위인도 아닌 자신이었다. 그러했기에 그는 벌거벗고 3년을 돌아다니기까지 했을 것이다.

모든 운동 경기에는 심판이 있다. 심판은 경기의 흐름을 이끌고 제대로 된 룰을 적용하여 경기가 공정하고 원활하게 진행되도록 한다. 그리고 심판의 주머니에는 옐로카드와 레드카드를 지니고 있다. 선수가 반칙을 범하거나 어떤 위법한 일을 할 때 적절히 사용한다. 경고로 내미는 옐로카드는 선수를 퇴출하는 의도가 아니다. 선수가 더욱 조심하여 그라운드에서 끝까지 최선을 다하라는 격려의 메시지도 된다. 그 카드는 양 팀 모두에게 긍정적인 역할을 하는 촉매제가 된다. 승자 패자 모두에게 좋은 경기를 하게 만드는 도구이다.

이사야의 메시지 전체가 바로 옐로카드였다. 인간에게 아름다운 결말을 제시하기 위한 하나님의 카드였다. 하나님의 품에 있는 메시아가 등장하여 인간이 이룰 수 없는 구원을 베풀 것이라는 구원의 예언이 가장 많이 있어서 '구약의 복음서'라는 별칭이 붙을 정도이니까.

이사야 사후 7백여 년이 흐른 어느 날, 한 천사가 한 총각의 꿈에 나타나서 그가 끊어버리려는 약혼녀를 데려오라고 명한다. 총각은 약혼녀가 자신이 아닌 상대로 인하여 임신하고 있다고 확신하고 있었기 때문이었다. 그 천사는 남성 경험이 전혀 없는 순결한 처녀의 꿈에도 나타났었다. 그녀의 몸에 성령으로 잉태된 아기가 생길 것이라는 말을 들려주었다. 그 부부는 천사의 말을 따라 결혼하고 아기를 낳았는데 그 아기가 예수 그리스도였다. 이 부부를 통한 메시아 탄생 스토리를 예언한 사람이 바로 이사야였다.

어수선한 정국과 흉흉한 전쟁의 소식, 그리고 도무지 뉘우칠 줄 모르는 사람들에게 하나님의 경고, 경기장에서 룰을 멋대로 무시하는 선수 같은 사람들에게 옐로카드를 던지기가 얼마나 힘겨웠을까. 그럼에도 불구하고 아마 웬만한 기독교인이라면 모르는 사람이 거의 없을 것 같은 위로와 격려를 이렇게 전했다,

"두려워하지 말라 내가 너와 함께 함이라 놀라지 말라 나는 네 하나님이 됨이라 내가 너를 굳세게 하리라 참으로 너를 도와 주리라 참으로 나의 의로운 오른손으로 너를 붙들리라"

그리고 마침내 그는 인간을 위하여 도살장으로 끌려가 죽음을 맞이하는 어린 양 같은 메시아의 출현을 통한 새 하늘 새 땅이라는 완벽한 희망을 전하며 기나긴 예언의 여정을 마친다.

애원

덕혜옹주를 아는가? 고종의 정비正妃가 아닌 후궁 양씨 부인의 몸으로 태어났기에 공주가 아닌 옹주로 불렸다. 겨우 여덟 살 코흘리개 시절에 아버지 고종의 일제에 의한 독살 현장을 직접 목격했다. 을사늑약 두 해 뒤에 태어나 나라 잃은 설움에 잠긴 백성의 총애를 한몸에 받다가 국운이 통째로 기우는 충격 사건 후 일본 유학과 일본 남성과의 결혼이 모두 일제에 의해서만 결정되고 정신병자로 귀국하여 창덕궁 낙선재에서 쓸쓸히 생을 마감한 여인.

그녀의 일생은 구한말에서 일제를 거쳐 해방을 맞이하기까지 역사를 함께 살았던 우리 어른들이 겪은 눈물 젖은 발자국을 고스란히 설명한다. 나라를 잃는다는 것이 국민에게 어떤 의미라는 것을.

예레미야는 하나님이 택하신 아브라함의 후손이라 자부하는 자신의 동족이 세속의 나라보다는 하나님 나라를 잃지 않기 위해 전 삶을 바쳐 백성들과 정치인들에게 애원한 예언자였다. 제사장의 가문에서 태어난 그는 자신이 예언자로 부름을 받던 당시 자신이 어린아이 같다는 생각에 두려웠다. 그러나 하나님의 말을 친히 자신의 입에 넣어주시겠다는 확약을 들은 후 담대히 외쳤다.

그러나 그는 늘 슬프고 외로웠다. 구한말의 조선은 저리 가라 싶을 만큼의 풍전등화 같은 위험에서 살아남을 방법은 침략국 바벨론에게 두 손 들고 항복하는 것이었다. 그것은 하나님의 명령이었다. 구한말의 조선에 적용하자면, 속히 일제에 굴복하는 건데, 이것이 납득 가능한 일인가? 당연히 분노할 일이지만 하나님은 침략해 오는 바벨론에 속히 항복하고 그들의 통치를 받으라고 하셨다. 이유가 있었다.

일찍이 하나님은 이스라엘을 강성한 나라로 만드는 훈련 방법으로 이집트 사백 년과 사십 년 사막의 훈련 장소와 시간을 갖게 하셨다. 그 결과, 이스라엘은 가나안을 영토로 하나님 중심의 나라를 유지할 수 있었다. 그러나 수백 년이 흐르면서, 하나님의 왕권은 약화 되었고 남북으로 분단되었으며 다윗 왕조의 권위도 휘청거리는 지경에 이른 것이다. 다시 담금질이 필요한 때가 되었다.

하나님은 그들의 집단적 훈련 처를 당시 세계적으로 패권을 잡기 시작한 바벨론으로 삼으셨다. 그들을 집단 이주시켜 훈련받게 하여 칠십 년 후 다시 강한 나라로 세우시기 원하셨다. 그런 하나님의 계획을 예레미야에게 전하였고 그는 정치권에 전하였다. 그러나 어림없는 얘기, 침략해 오는 적국을 향해 속히 항복하라는 말이 그들에게 설득력이 없었다. 그가 전하는 비유도, 설교도, 상징적인 행동을 통한 외침도 그 어떤 방법으로 전하는 말을 들어주는 왕이 없었다. 도리어 그에게 돌아오는 건 야유와 핍박이었다. 사이비 무당 같은 거짓 예언자와 논쟁을 벌이고, 문초를 당했다. 깊은 굴속의 감옥에 처해지기도 했다. 그에게는 눈물과 고독이 있을 뿐이었다. 그의 별칭이 '눈물의 예언자'인 게 전혀 이상하지 않았다.

비록 외로웠지만, 타는 가슴을 부여안고 울며불며 결국, 위풍당당한 바벨론도, 주변의 나라들도 망하고 하나님의 새 언약 아래서 유다가 누리게 될 소망을 외쳐주었다.

그의 애원은 그러나 빛을 보지 못했다. 두세 차례에 걸쳐 예루살렘 성은 바벨론 제국의 느부갓네살 왕의 군대에 침략당했다. 숱한 국가의 인재들이 포로로 끌려갔고 솔로몬이 금은으로 장식한 왕궁은 초토화되었다. 바벨론은 저항하는 시드기야 왕의 아들들을 그가 보는 데서 죽이는가 하면 그의 두 눈을 빼었고 쇠사슬이 묶어 바벨론의 옥에 죽는 날까지 가두었다. 구한말 조선의 국치國恥하고는 비교도 안 될 패망이었다.

예레미야는 나라가 그렇게 망한 후 납치되어 이집트에 가서 유대인들에게 그들이 피하여 온 이집트도 바벨론에 망한다고 외치다가 동족 유대인의 던지는 돌에 맞아 죽었다.

예레미야를 생각할 때마다 교과서에서 배우고 외웠던 시조가 한 편 떠오른다.

지그시 눈을 감고 입술을 축이시며/뚫린 구멍마다 임의 손이 움직일 때,
그 소리 은하 흐르듯 서라벌에 퍼지다/끝없이 맑은 소리 천 년을 머금은 채,
따스히 서린 입김 상기도 남았거니/차라리 외로울망정 뜻을 달리 하리요
〈김상옥의 시조, 옥저玉箸〉

천년 전, 서라벌에 퍼졌던 옥 피리 소리가 지금 현대에도 들릴듯한데, 그 고고한 음색은 '차라리 외로울망정 달리할 수 없는 음색'으로 이 시대에 흐르리라는 예술혼이다. 요란한 현대의 많은 음색이 난무하더라도 천년 전 은하처럼 흐르던 음색은 고고히 간직하리라는 시인의 마음이 담겼다.

예레미야의 마음이 이랬을까. 차라리 외로울망정 하나님의 뜻을 달리할 수 없어 그 요란하고 악한 세상에 읍소하며 애원하던 그 심정이 말이다.

예레미야를 덮으며 부끄러움을 느낀다. 목회자로 살면서, 도무지 말이 통하지 않는 사람들에게, 반대자와 핍박자들을 향한 애원이 있기는 했었을까. 어떤 갈구가 있었을까. 어떤 안타까움의 호소가 있었을까. 새벽마다 드리던 기도에는 누구를 위한 애원이었을까. 그토록 간절했던 그 날의 애원은 무엇을, 누구를 위한 것이었을까.

이런 부끄러움을 모두 씻으라고 하시는 하나님의 음성, 예레미야가 경비병들의 마당 한쪽에 있는 감옥에 갇혀있을 때 하나님이 그에게 하셨다는 말씀을 다시 떠올린다.

"일을 행하시는 여호와, 그것을 만들며 성취하시는 여호와, 그의 이름을 여호와라 하는 이가 이와 같이 이르시도다. 너는 내게 부르짖으라 내가 네게 응답하겠고 네가 알지 못하는 크고 은밀한 일을 네게 보이리라"

애가 哀歌

한 남자가 울고 있었다. 고려 말의 문신인 길재라는 사나이. 그는 자신이 충성했던 고려가 망하고 개국 조선이 수도를 한양으로 옮긴 후 자신이 근무했던 옛 수도 개성을 방문했다. 한 필의 말에 몸을 얹고 친구들과 다니던 길을 또각또각 홀로 거니는 심정이 어땠을까.

'오백년 도읍지를 필마로 돌아보니/산천은 의구하되 인걸은 간데없네/어즈버 태평연월이 꿈이런가 하노라'고 읊조렸다.

길재가 허무를 느낀 장소가 옛날의 궁궐이었듯 예레미야가 통곡한 장소는 예루살렘이라는 유대의 폐허가 된 도시였다.

제사장의 후손인 그가 스무 살 즈음에 하나님께 시대의 대언자代言者로 부름받았다. 사오십여 년간 줄기차게 외쳤던 말은 "역천자逆天者는 망한다"였다. 그는 하나님께 직접 음성을 듣고 그 슬픔의 패망을 눈으로 보듯이 그리며 정계와 일반 시민들을 향해 '눈물의 선지자'라 불릴 정도로 간곡히 읍소했다. 그러나 보람도 없이 그의 조국은 망했다. 이렇게 패망한 조국을 보며 하나님께 올리는 탄원이 바로 예레미야 애가哀歌다. 책의 제목이 슬플 애哀자와 노래 가歌자를 썼지만, 그의 울음은 애곡을 넘어 대곡이요, 대곡을 넘어 통곡이었다. 인간 슬픔을 표현할 수 있는 가장 큰 단어가 필요할 것 같다. 하나님의 분노로 말미암아 성은 훼파되었고 죄악을 미워하시는 그분의 공의가 드러났다. 예레미야가 할 수 있는 일은 한때 영광스럽고 위대한 성이었던 예루살렘을 바라보며 비탄에 잠겨 기도하는 것뿐 이었다.

그는 예루살렘성의 황폐한 상태를 아주 리얼하게 말한다.

"유다는 환난과 많은 고난 가운데에 사로잡혀 갔도다. 시온의 도로들이 슬퍼함이여 절기를 지키려 나아가는 사람이 없음이로다. 그의 대적들이 머리가 되고 그의 원수들이 형통함은 그의 죄가 많으므로 여호와께서 그를 곤고하게 하셨음이라 어린 자녀들이 대적에게 사로잡혔도다. 딸 시온의 모든 영광이 떠나감이여 그의 지도자들은 꼴을 찾지 못한 사슴들처럼 뒤쫓는 자 앞에서 힘없이 달아났도다. 예루살렘이 환난과 유리하는 고통을 당하는 날에 옛날의 모든 즐거움을 기억하였음이여 그의 백성이 대적의 손에 넘어졌으나 그를 돕는 자가 없었고 대적들은 그의 멸망을 비웃는도다"

이렇게 비탄을 토로한 그는 그 모든 슬픔이 자신의 혈족이 하나님께 지은 크나큰 죄 때문이라고 실토하며 회개하였다. 그러나 그의 비탄은 망국을 경험한 고려 시대 길재의 비감으로만 그치지 않는다. 온 나라를 파괴하심에는 반드시 자신의 동족을 향하신 뜻이 있고 그 뜻은 나라를 재건하여 영원한 백성으로 살게 하시려는 것이리라 믿고 회복의 날을 대망함으로 애가를 마친다.

"주께서 어찌하여 우리를 영원히 잊으시오며 우리를 이같이 오래 버리시나이까. 여호와여 우리를 주께로 돌이키소서 그리하시면 우리가 주께로 돌아가겠사오니 우리의 날들을 다시 새롭게 하사 옛적 같게 하옵소서"

우리 부부의 몸에 하나님은 결혼 후 오 년이 되도록 자녀를 주시지 않았다. 그런 때에 누군가로부터 소개받은 한 산부인과에서 기도하는 마음으로 아들을 입양했다. 아들은 보통의 아기와 똑같이 예쁘고 귀엽게 잘 자랐다. 아들은 우리 부부에게 삶의 기쁨이요 행복의 원천이었다. 신학 수업을 마치고 본격적인 교역자가 되어 교회 성도들의 삶을 돌보는 피로감은 아기의 몸짓, 언어, 잠자고 노는 모습이며 한순간 한순간의 발달 과정을 보는 기쁨으로 말끔히 씻을 수 있었다. 삼십 대 중반의 우리는 세상 누구도 부럽지 않은 행복감을 그 아이로 인하여 얻었다.

그러나 십수 년이 흘러 아들이 중학생이 되면서 극도의 고통이 시작되었다. 처음에는 그 당시 한창 쏟아져 나온 게임에 몰두했기 때문이라 여겼다. 이유가 어디에 있든 아들은 현재 삼십 대 중반에 이르렀지만 어떤 일도 하지 않고 원룸에 홀로 기거하며 날마다 부모인 우리에게 생활비와 용돈을 조르고 있을 뿐이다. 정신과 의사로부터 아들이 경계성 장애를 가졌다고 처음으로 들었을 때, 그 용어조차 어리둥절하여 어떻게 대처할지도 모를 뿐이었다. 망국의 아픔을 안고 울었던 예레미야처럼 아내와 나는 안타까워 울며 이제나저제나 아들이 회복하여 사회의 일원이 될 날을 이십 수년이 흐른 지금까지도 기도하고 있을 뿐이다.

우리 부부에게 있어서 아들의 의미는 어디에 있을까. 예레미야 시대에 패망했던 유다처럼 우리 부부의 어떤 알 수 없는 죄 때문일까. 아니면 평생을 두고 훈련을 받아야 할 무엇이라도 있는 걸까. 아, 어쩌면 하나님의 아픔, 그 분의 자녀인 백성이 정상도, 비정상도 아닌, 경계선에서 인간의 노릇을 제대로 하지 못하는 걸 보시는 하나님의 아픔을 헤아리라는 뜻일 수도 있다.

다만, 예레미야가 패망한 예루살렘을 바라보며 실낱같은 희망의 기도를 드렸던 것처럼, 아이가 방긋 웃으며 재롱을 떨어 우리가 기뻐했던 그때를 추억하며 "우리의 날들을 다시 새롭게 하사 옛적 같게 하옵소서"라고 지금도 마음으로 애원하고 있음이 같을 뿐이다.

유레카~!

구름의 현주소
연어의 귀향 길
박물관에 없어도

그 분의 현존 안에
내가 있더라

26, 에스겔

소망

요즘 아내는 야무진 기도를 드린다. 우리 교회에 삼사십대 교인들이 열 가정 이상 들어오게 하여달라는 순진하지만, 무척 야무진 염원이다. 하나님은 아내의 기도를 어떻게 응답하실까.

코로나 19라는 전대미문의 세균이 온 세상을 헤집고 다니며 공포감을 조성했을 때 그 여파를 우리 교회라고 피할 수 없었다. 한 삼사 년 그놈에게 놀아나는 동안 우리 교회를 착실하게 다니던 삼사십대 성도 몇 가정이 교회에 발길을 뚝 끊었다. 자연스레 그 성도들의 유치 아동부에 속한 자녀들 모습이 보이지 않게 되었다. 나를 비롯한 교회 식구들이 대표 기도할 때면 으레 나오는 말은 "다음 세대의 부활"이다. 교회에 어린이들의 목소리가 들리지 않는 건 완전한 절망이다. 그들이 있을 때는 의식하지 못했던 교회의 어두운 미래가 둔탁하게 자리 잡는다.

그래서 아내의 기도가 더욱 '야무지게' 느껴진다. 과연 우리 교회에 삼사십대 교인이 열 가정 이상 늘어나서 유치 아동부가 살아나고 옛날의 분주했던 교회의 모습이 회복될 것인가.

현실의 깊은 절망과 미래 세대에 대한 어두운 그림자를 느꼈던 예언자가 에스겔이다. 나라가 망하기 전 그는 유대의 제사장 아들이었다. 세상이 좀 어지럽더라도 나라가 망하지만 않았어도 그는 별 탈 없이 제사장의 대를 이을 사람이었다. 참으로 알 수 없는 게 사람의 일이다. 서른 살에 그는 나라가 망하기도 전 당시 제국을 형성해 가던 침략국 바벨론의 포로가 되었다. 그리고는 제사장이 아닌, 예언자로 하나님의 부르심을 받았다. 그의 임무는 아직 덜 망한 유다가 완전히 망할 것인데 그 이유가 무엇이고 그들의 앞날은 어떻게 될 것인지를 그와 함께 포로가 된 동족에게 알리는 것이었다.

하나님은 그에게 현대의 공상과학 영화에서나 볼 법한 장면들을 환상으로 보여주며 그 동족이 망할 수밖에 없는 죄상과 그들의 현실, 그리고 미래를 깨닫게 하셨다. 황홀하고 기이한 환상을 많이 보았지만, 그의 삶은 여느 예언자와 다름없이 극도의 고된 현실을 살았다.

일 예로, 그는 멸망할 유대가 당할 고통스러운 현실을 가르치기 위해 소똥을 말려서 피운 불에 구운 떡을 모로 누운 채로 먹는 퍼포먼스를 일 년 넘게 해야 했다. 또 그의 아내가 죽은 날 슬픈 표정을 전혀 보일 수 없었다. 하나님은 에스겔의 아내가 죽은 것과 같이 사랑하는 유다 백성이 죽어가는데 누구 하나 슬퍼하지도 걱정하지도 않는 현실에 가슴이 아파서 견딜 수 없었다는 걸 가르치는 표징이었다. 우상 숭배와 패악의 결과로 그의 동족은 죽어 마땅했음을 그는 이렇게 몸으로 보여 줘야 했다.

그러나 하나님이 에스겔을 통해 보여주시려는 것은 그들의 죄악 된 과거가 아니라 하나님이 만드실 영원하고도 새로운 미래였다. 하나님은 그에게 해골로 가득한 골짜기로 이끌어 가셨다. 이것도 물론 환상이다. 거기서 해골들이 명령 한마디에 살이 입혀지고 호흡이 생기더니 옷을 입고 일어서는 큰 군대가 되는 걸 보았다. 이미 죽어버린 유대이지만 하나님은 그들은 물론 온 세계 모든 인류를 영원한 생명체로 회복시키려는 강력한 의지를 보여주셨다.

그뿐만 아니다. 그는 환상을 통해 하나님이 세우신 새 성전에서 흘러나온 물이 바다가 되는 걸 보았다. 그 바다 둘레에는 많은 나무가 열매를 맺은 걸 보았는데 잎사귀는 잎사귀대로 열매는 열매대로 온 세상을 치료시키는 약재료가 되는 나무였다. 그것은 유다를 비롯해 주변 국가들과 온 우주 만물까지 이르는 궁극의 회복이었다. 망해버린 나라의 회복을 소망으로 보여주면서 영원한 나라, 즉 천국을 환상으로 보여준 책이 에스겔서다.

놀랍게도 에스겔의 예언은 오늘의 현실에서 내가 보고 있다. 며칠 전의 일이다. 해가 바뀌어 교회 로비에 일회용 커피로 섬길 성도의 이름을 적으라는 알림판을 붙여 놓았다. 5만 원이 채 안 되는 비용으로 성도들께 한 달 동안 커피를 대접하는 방식이다. 성도들은 거기에 이름을 자유롭게 적는다. 그런데 내 눈이 번쩍했다. 누구의 강요도, 권유도 없이 순전히 자발적인 필체로 적은 20대의 젊은 친구 두 명의 이름을 본 것이다. 요즘 이십 대는 헌신과 희생보다는 철저히 계산적이고 손해 보는 것과 구차함을 싫어한다. 그런 세대의 성도가 여기에 이름을 올렸다는 것, 이건 교회의 큰 소망이다.

마른 뼈가 군대가 되는 환상, 성전의 물이 만국을 소생시키는 바다가 되는 환상은 언젠가 영원한 현실이 될 것이다. 그리고 그 출발점은 바로 이런 미세한 영적인 감동의 흐름에서 시작될 것이리라. 아마도 아내의 기도는 황당한 망상이 아니라 구체적으로 이루어질 현실이 되리라 믿어지는 것이 이 지점이다.

하나님이 에스겔에게 보여주신 환상은 오늘 현실에서도 일어나는 이야기일 수도 있어서 목회 30년 차인 나에게도 흐뭇한 소망이 된다.

숲속의 水요일

애태워
손 꼽는 그 날
폭포 소리로
그가 오시면
목마르던 나
긍휼히 여기시는
그와 함께
시원하리라

27, 다니엘

환상

손흥민. 대한민국의 축구 선수. 그가 축구 본거지 영국의 1부 리그에서 상위권 팀인 토트넘(Tottenham)에 소속된, 그것도 각국에서 내로라하는 선수들이 모인 팀에서 주장이라는 것만으로도 나는 대한민국 국민의 긍지를 느낀다. 며칠 전 그가 쏘아 올린 코너킥이 골인되는 장면을 보는 순간의 짜릿함은 꽤 오랫동안 가슴에 남을 것이다.

달포 전 한국 문학의 쾌거가 있었다. 노벨문학상을 오십 대 중반의 한강이라는 여성 작가가 수상의 영예를 안았다. 국내에서는 그가 쓴 작품의 표현 양식을 두고 좌우의 대립 논리로 혹은 종교적 윤리의 잣대로 왈가왈부가 있었지만, 그가 대한민국 국민이라는 엄연한 사실 앞에 나도 미천하지만, 대한민국에서 문인이라 불리는 한 사람으로 흐뭇함을 이루 말할 수 없다.

세계 속에서 우리나라의 위상을 드높이는 사람은 한둘이 아니다. 그런데 국내정치가 삼류라는 것이 손흥민과 한강을 비롯한 숱한 명사들 업적을 무색하게 한다. 요즘 우리나라의 정치 현실은 입법부인 국회에서 대통령을 탄핵 소추했고 사법부인 법원은 그에게 조사를 받으라고 소환했다. 그런데 행정의 수반인 그가 이런저런 법적 논리를 대며 자기 편의 사람들과 경호대를 앞세워 꼭꼭 숨어 나오지 않고 있다. 이런 광경을 달포가 넘게 국민과 세계의 사람들이 목도 하는 현실이 얼마나 안타까운가.

다니엘이 활동하던 시대가 그랬다. 국민은 우수한데 정치가 삼류였다. 민족의 현실은 외세의 침략과 횡포로 인해 국운이 풍전등화 격인데, 왕들이 자기 보신(保身)에 급급하여 이집트에 목숨을 구걸하거나 바른말 하는 지식인과 영적 멘토들을 잡아 가두었다. 유대인들의 가장 큰 자부심은 그들이 하나님께 선택받은 민족이어서 천국의 가장 좋은 자리가 자신들의 몫이라는 데 있었다. 영적, 민족적 자존감은 일류인데 정치인들은 삼류나 가질 법한 행동이었다. 그러다가 결국 바벨론의 침략을 받았다.

다니엘은 그때 친구들과 함께 사로잡혀 갔다. 유대의 왕족이나 정치 기득권자들의 자제인 그들은 용모와 두뇌가 우수한 엘리트급 포로였다. 그러기에 그들은 바벨론의 고위 관직에 채용되었다. 눈 딱 감고 바벨론에 순순히 동화되기만 하면 얼마든지 귀족으로 살 수 있었다. 그러나 그런 길을 택하지 않았다. 아니, 그럴 수가 없었다. 그러기에는 하나님의 임재가 너무나 강력했다.

그들은 바벨론의 고위 관료들로부터 유대의 관습과 종교를 버리고 속히 동화되도록 바벨론의 음식 섭취를 강요받았다. 이런 것쯤은 결연한 의지로 단박에 극복할 수 있었다. 그러자 더 큰 시련이 다가왔다. 바벨론 왕이 해괴한 꿈을 꾸었다. 도저히 해석 불가한 꿈이지만 그냥 넘길 수 없는 불길함 속에 다니엘은 고민하는 그의 꿈을 해석하여 동료들과 함께 생명의 위기를 넘겼다. 동시에 왕으로부터 주목 받는 위치가 되었다. 그러나 그것은 또 다른 위기를 촉발하였다. 다니엘의 위상이 올라가는 걸 본 공직자들은 바벨론의 고유한 종교 의식을 동원하여 그들을 죽을 위기로 몰았다. 이것이 그 유명한 풀무 불 사건이었다. 다니엘의 세 친구가 바벨론의 신상에게 절하지 않은 이유로 풀무 불가마 속에 던져졌으나 실오라기 하나도 타지 않은 채 온전히 그들 몸이 보전되었다. 이 사건을 보고 바벨론의 느부갓네살 왕은 기겁하여 그들을 또 한껏 높여주었다.

이후에 계속되는 바벨론 제국의 왕이 꾸는 이상한 꿈을 해석하여 그 주류사회에 떠오르는 왕의 조언자가 되었다. 그럴수록 다니엘에게 닥쳐오는 핍박, 이제는 다니엘 홀로 굶주린 사자 굴 속에 던져졌다. 그러나 역시 다니엘 목숨은 보전되었다.

다니엘의 삶에 가장 크고도 중요하게 작용한 것은 환상이었다. 다니엘서는 환상으로 시작하여 환상으로 끝난다. 왕들이 꾸었다는 꿈은 사실은 환상이었다. 그런 환상들을 하나님의 임재를 느낀 다니엘이 분명하게 해석하여 줌으로 그의 조국을 지배한 나라의 높은 자리에서 왕의 멘토 역할을 감당할 수 있었고 자신이 처한 환란과 핍박을 이기기도 했다. 그러나 정작 자신이 직접 본 환상을 그는 전혀 알 수 없었다. 천사가 해석해 주어야 깨달을 수 있었다. 그에게 보여주신 환상의 의미는 가고 오는 세상의 주관자는 하나님이시라는 사실 그리고 이 세상 역사를 하나님이 심판하시고 결국은 예수 그리스도를 통해 영원한 구원이 성취되어 하나님의 나라를 완성하게 된다는 것이다. 그는 영적인 영웅이라기보다 역사와 민족을 다스리시는 하나님의 순진한 심부름꾼이었다.요즘 나의 사소하고도 작은 현실부터 국가도 세계의 흐름도 무엇 하나 분명한 게 보이지 않는다. 세계 도처에서 들려오는 대형 참사 소식을 듣다 보면 더욱 두려워진다. 대자연은 강력한데 인간은 참으로 약하다.

다니엘의 시대에 대제국들이 하루아침에 무너졌다. 그리고 다니엘이 보았던 환상은 지금 진행 중이다. 다니엘에게 환상을 해석해 주던 천사는 종말의 때에 세상은 많은 사람이 빨리 왕래하고 지식이 더하리라고 했다. 고대 사회의 사람들이 상상할 수 없었던 일들이 요즘의 보통으로 일어나는 일이다. 엄청나게 빨리 움직이며 어마어마한 지식의 총량으로 생긴 현상들이다. 천사의 예언 그대로 되었다. 내가 일평생 해 온 일은 사람들에게 환상을 전하는 일이었다. 사람들이 비현실이라고 하는 하나님의 일들을 우리의 미래의 현실에서 일어날 일상이라고 다니엘처럼 평생을 외친 것이다. 다니엘을 읽을수록 보람이 찾아오는 것도 이 때문이다.

손흥민의 환상적인 코너킥 골인으로 받는 감동이나 환상으로만 생각되던 노벨문학상 소식으로 받는 자긍심과는 확연히 다른 나만의 환상을 평생 품고 외치며 살았다. 이것을 함께 나누는 교회의 성도들은 다니엘에게 하늘의 비밀을 전해주는 천사의 말처럼 궁창의 빛과 같이 빛나고 별과 같이 영원토록 빛날 것이다. 다시 행복이 가슴에 밀려온다.

28, 호세아

헌신

성경에는 신기하게도 오늘 한반도 정세와 거의 비슷한 구조의 시대가 등장한다. 남북이 분단되었듯이 이스라엘은 남북이 갈렸었다. 남쪽은 정치 경제 사회가 자유롭지만, 북쪽은 영 엉망인 것도 비슷했다. 특히나 정치적 불안정성이 더욱 그랬다. 오늘 남쪽은 민주화가 지나칠 정도로 발전하여 시민의 목소리로 정치권을 향해 호령하지만, 북은 1년 365일이 계엄 상황과 같은 점도 비슷했다.

호세아는 남 왕국을 유대라 하고 북 왕국을 이스라엘이라 부르던 시기에 북 왕국의 13대 왕 여로보암 2세가 집권하던 시대 예언자였다. 당시 이스라엘 북쪽 지역 나라들이 물고 물리는 경쟁 틈바구니에서 용케도 여로보암 2세는 국방력을 강화하고 경제를 부흥시켰다.

경제가 부흥할 때 인간은 간사해진다. 우리 속담에 화장실에 갈 때 다르고 나올 때 다르다는 말이 있듯이 일단 배부르고 등 따스한 상황이 되면 더 편한 길을 찾고 나아가 쾌락을 추구한다. 특히 성적으로 타락하기 쉽다. 하나님이 호세아를 부르시던 사회가 그랬다. 그래서 하나님이 호세아에게 내리신 명령이 음란한 여인, 돈이 아닌 성적 만족을 위한 목적으로 창녀가 된 여인과 결혼하여 자녀를 낳으라는 것이었다.

하나님의 성언聖言을 선포하는 예언자로서는 수납하기 어려운 명命이었다. 그런데 이상한 것은, 한마디 거스름 없는 그의 순응이다. 그는 고멜이라는 탕녀와 결혼했고 세 자녀를 두었다. 한 아들의 이름을 '이스르엘'이라 했는데, 그것은 피의 살육이 벌어진 장소의 지명이었다. 이것은 그 땅에 심판이 어떻게 이루어질 것을 암시한 것이다. 딸의 이름은 '로루하마'라고 했는데 긍휼히 여김을 받지 못한다는 뜻이다. 그리고 막내아들 이름은 '로암미'라고 지었는데 하나님의 백성이 아니라는 뜻이다. 결국, 자녀들의 이름들은 풍요에 취하여 타락한 세대는 하나님께 버림받고 심판을 견디기 어렵다는 경고였다.

이뿐 아니다. 거룩한 예언자의 '사모님'인 고멜은 그녀의 몸에 깊이 박혀있는 음란기를 버리지 못하고 집을 뛰쳐나가서 뭇 남자들의 품을 전전했다. 하나님은 그에게 또 명하셨다.

"이스라엘 자손이 다른 신을 섬기고 건포도 과자를 즐길지라도 여호와가 그들을 사랑하나니 너는 또 가서 타인의 사랑을 받아 음녀가 된 그 여자를 사랑하라"

이런 여호와의 말씀은 명령이라기보다 고백이다. 마치 탕녀가 사내 품을 전전하는 것처럼, 거룩하신 하나님 품을 떠나 우상에 깊이 빠져 영적 순결을 잃은 더러움이 하늘을 찌를지라도 그들을 끝내 사랑하고야 말겠다는 집념에 찬 고백이었다.

실제로 호세아는 은전과 보리 곡식 주머니를 들고 상간남을 찾아가 아내를 돌려달라고 호소하며 몸값을 지불하여 찾아왔고 아내에게는 자신과 영원히 함께 살자고 간곡히 읍소했다..

그 당시 심각했던 영적 간음, 하나님만 가장 사랑하고 섬겨야 할 백성이 하나님보다 더 사랑하는 우상 숭배에 빠진 이유는 단순하다. 육신의 안일함과 풍요가 주는 달콤한 유혹에 빠져있었기 때문이었다. 그런 것들을 하나님보다 더 사랑함이 그들의 큰 우상이었다. 그런 그들을 하나님은 고멜이라는 탕녀를 통해 보여주셨고 호세아를 통해 하나님 자신의 애타는 마음을 보여주셨다.

내가 교육전도사 시절 나와 파트너십을 이루어 활동하던 분이 있었다. 딸만 셋을 둔 가장이었다. 어느 날 그분은 큰딸에 얽힌 가정사를 털어놓으셨다. 결혼식도 못 올린 채로 동거 생활을 시작한 지 한 삼 개월쯤 되었는데 몸이 아파 친정에 간다고 한 아내로부터, 급히 오라는 연락이 왔단다. 헐레벌떡 달려갔더니 느닷없이 아내가 거기서 아기를 낳았더라는 것. 눈물을 흘리며 하는 고백인즉, 살림을 시작하기 전 잠시 접객업소에서 일 한 적이 있었는데 그때 누군지 모를 아기를 가졌고 그걸 숨겨왔노라는 것이다.

"집사람 말을 듣고 제가 '당신이 앞으로 나와 살면서 다투는 날도 많을 것이다. 그러나 어떤, 무엇을 가지고 감정을 상하는 일이 있어도 이 아이의 일을 입에 올리지는 않을 테니 걱정하지 말라' 그랬지요"

그렇다면, 그 일은 내게도 숨겨야 하지 않았는가 하는 생각도 들었지만, 누군가에는 꼭 털어놓고 싶었던 그의 아픔을 나는 묵묵히 헤아려주고 싶었다. 그저 허공을 응시한 그의 물기 어린 눈빛에서 나는 하나님의 얼굴을 느꼈다.

호세아서는 한 남자의 순애보처럼 보인다. 순애보가 아니라 헌신이다. 하나님의 가슴앓이 이야기다. 그걸 가리켜 나는 하나님의 헌신(獻身)이라고 말하고 싶다. 호세아를 모델로 삼은 하나님의 헌신, 나를 사랑하신 이야기다. 영적 간음으로 얼룩진 백성을 향하신 하나님 사랑의 힘겨운 헌신을 깨닫기 위해 자신의 부부 생활에서 뼈아프게 체득하고, 그렇게 얻은 교훈을 삶으로 외치는 호세아의 헌신이었다

그래선가, 호세아서를 읽으면 읽을수록 부정한 여인, 고멜의 모습은 내 헝클어진 모습처럼 여겨진다. 나를 유혹하고 있는 숱한 우상, '고멜의 남자'는 교회 성장, 인기, 명성, 돈 등등이었다. 이 현대의 고멜인 나를 위해 아들이신 예수님을 호세아로 보내셨다. 뿐인가, 아내를 비롯한 숱한 주변 사람들을 통해 끝없이 베푸시는 하나님은 나에게 어디까지 무엇을 더 베푸실 작정이신가. 하나님의 헌신은 언제까지, 어디까지 이어질까.

29, 요엘

그날

그냥 남의 나라 이야기라고 하기엔 너무 무섭다. 뉴스에서 보여주는 미국 LA 산불이 도심으로 번져 꺼뭇하고도 시뻘건 불덩어리가 악마의 바람에 맞추어 광란하는 장면은 지옥이 따로 없었다. 이 와중에 가까운 남쪽 나라 아열대기후 지역 타이완에서는 갑자기 들이닥친 북극성 한파에 무려 사백여 명이 숨졌다고 한다. 타이완보다 훨씬 더운 나라 태국도 영하로 떨어진 날씨에 여러 사람이 동사했단다. 우리나라에서 미국은 그나마 거리가 멀지만 비교적 가까운 나라에서 당하는 일을 보노라면 은근한 불안감이 스멀스멀 가슴을 조여온다.

이상기온이나 대형 산불은 모두 지구온난화 탓이라고 한다. 이 현상은 바다에서도 일어난다. 해양의 온도가 오르고 해류가 바뀌면 바닷속 생명도 혼란을 겪는다. 동해에서 풍어를 이루던 명태가 실종되어 현상금을 거는가 하면 전혀 낯선 고기가 떼로 잡혀 어부들을 즐겁게 만들지만 결코 반가운 소식은 아니다. 바다풀과 고기들도 어리둥절할 것이다.

환경론자들이 말하는 대로 환경 훼손에 대한 자연의 복수라는 말은 맞다. 그러나 이런 현상에 예외가 있다는 걸 성경은 말한다. 초대형 생태계 붕괴나 돌발한 자연재해가 분노한 하나님의 뜻을 나타내는 것임을 성경은 왕왕 보여준다. 창세기에 나오는 노아 홍수나, 출애굽기에서 보는 열 가지 재앙이 그렇다.

그와 같이 요엘이라는 예언자가 활동했던 때, 메뚜기 떼가 덮쳐서 전국이

초토화되었다. 요엘은 밭에 심은 작물들은 물론 산과 들의 나무껍질까지도 메뚜기떼 습격을 받은 시뻘건 들녘을 보며 팥중이가 먹고 남긴 것을 메뚜기가 먹고 메뚜기가 남긴 것을 느치가 먹고 느치가 남긴 것을 황충이 먹었다고 한탄했다. 손가락보다 작은 곤충이 먹어치우는 것을 보며 사자 이빨 같은 무자비함을 느꼈다. 가축들도 말라비틀어져 흉한 몰골이 되었다.

요엘은 그 비참한 날을 '여호와의 날'이라고 외쳤다. 요엘이 어떤 시기에 누구를 특정하고 외쳤는지는 정확하지 않지만, 그는 당시 치리자와 일반 백성에게도 경종을 울려야 할 책무를 느꼈다. 그 시대의 가장 큰 문제는 죄의 무감각증이었다. 제사장이나 일반인이나 엄혹한 재앙 앞에서도 회개가 없는 그의 시대를 향해 요엘은 외쳤다.

"옷을 찢지 말고, 마음을 찢으라"

요엘 당시 회개 방법은 여러 가지였다. 금식하든가 수염과 머리카락을 쥐어뜯고 하늘을 바라보며 가슴을 치기도 하며 옷을 찢으며 애통하는 방법이었다. 그런데 요엘 시대에 애꿎은 옷만 찢어대는 사람들이 많았나 보다. 그의 마음을 찢으라는 한마디가 시대의 강퍅함을 짐작하고도 남게 한다.

그런데, 그렇게 외치는 동시에 그는 애가 타도록 간절히 바라는 회복의 희망을 외친다. 그 희망의 언어도 역시 '여호와의 날'이다.

죄의 불감증이 가져오는 재앙을 어서 벗어나기 위해서라도 굵은 베를 입고 재에 앉아 통곡하며 마음을 찢어 회개하는 날을 지나고 나면 산과 들에 수목이 자라고 땅이 힘을 내어 산물을 내어 다시금 풍년가를 부르게 하는 날이 온다는 희망 선언이다. 각 개인도 하나님의 영으로 아이나 젊은이나 노인들도 꿈을 꾸며 미래를 말하며 심지어는 남녀의 노예들까지도 하나님의 영에 감동이 되는 환상적인 세상이 올 것이라 외쳐주었다.

마음을 찢는 회개의 능력이 주술적인 힘을 내어 이렇게 되리라는 말이 아니다. 하나님께서 회개하는 영혼에게 주시는 선물이 그렇게 펼쳐지리라는 대망이다. 요엘이 외치는 여호와의 날은 심판을 넘어서서 회복에 이르는 날까지를 말한다. 심판의 날도 여호와의 날이고 회복의 날도 여호와의 날이다. 그날은 언제일까. 요엘이 선포한 희망의 날, 여호와의 날은.

며칠 전 교회 행사를 앞두고 미루었던 허접쓰레기들을 태웠다. 한여름 왕성하게 꽃을 피웠던 꽃대궁 더미를 훠이훠이 하늘로 보냈다. 여름내 꽃을 받치던 대궁들은 어여쁜 불꽃이 되어 하늘하늘 승천했다. 그런데 어여삐 타오르는 불꽃 사이로 껌정기체가 날아간다. 비닐과 스티로폼 조각들이 그만 꽃대궁들 틈에 끼어있었나 보다. 새파란 하늘에 얼마나 미안했던지.

죄의 불감증에 마비되어 웃만 찢어대던 영혼이 비닐과 스치로폼 타는 연기처럼 꺼뭇한 곳으로 가지 않도록, 마음을 찢고 아름다운 영혼으로 거듭 태어나, 꽃대궁의 어여쁜 승천의 불꽃처럼 여호와의 날, 그날에 우리 모두의 영혼이 영광의 불꽃이 사라지지 않는 하나님의 나라에 안착하기를 소망해 본다.

허물

벗어야 하늘 본다
자유로이 날 수 있다
아등바등 해서라도
그래야 다른 세상
바로, 당신~^

공의

거짓이 판치는 세상이다. 개가 사람을 물었다고 하면, 그런가 보다 하지만, 사람이 개를 물었다 하면 얼마나 자극적인가. 그러나 거짓이다. 거짓인 줄 알지만 일단 시선을 끈다. 여기가 가짜뉴스의 출발지점이다. 그것은 확대 재생산된다. 사람들은 자기가 확신하게 된 가짜뉴스를 자신의 사상으로 다진다. 이걸 확증편향確證偏向이라고 한다. 확증편향은 선량한 사람들을 좌우로, 동서로, 여러 갈래로 나누는 소위 갈라치기를 고착시켜 서로를 반목하게 한다.

거짓이 판을 치는 세상은 어제오늘의 이야기가 아니다. 지금부터 약 2천칠 팔백 년 전, 남북 분단시대 이스라엘의 아모스라는 예언자. 그는 우리나라로 치면 휴전선 남쪽의 의정부나 파주쯤의 접경지역에 있는 드고아 라는 시골에서 목축하며 뽕나무를 재배하는 농부였다. 그는 요즘 우리 말로 '깨시민'이었다. 오늘의 평양이라 할 수 있는 사마리아지역의 부패가 그의 이맛살을 찌푸리게 했다. 그쪽의 집권자 여로보암 2세가 보이는 영적, 정치적 타락에 대하여 하나님은 강하게 외치라고 그의 내면에 울림을 주셨다. 아모스는 이렇게 일갈했다.

"정의를 쓴 쑥으로 바꾸며 공의를 땅에 던지는 자들아 묘성과 삼성을 만드시며 사망의 그늘을 아침으로 바꾸시고 낮을 어두운 밤으로 바꾸시며 바닷물을 불러 지면에 쏟으시는 이를 찾으라. 그의 이름은 여호와시니라. 그가 강한 자에게 갑자기 패망이 이르게 하신즉 그 패망이 산성에 미치느니라. 무리가 성문에서 책망하는 자를 미워하며 정직히 말하는 자를 싫어하는도다. 너희가 힘없는 자를 밟고 그에게서 밀의 부당한 세를 거두었은즉 너희가 비록 다듬은 돌로 집을 건축하였으나 거기 거주하지 못할 것이요 아름다운 포도원을 가꾸었으나 그 포도주를 마시지 못하리라"

이어서 단정적으로 이렇게 말했다.

"오직 정의를 물 같이, 공의를 마르지 않는 강 같이 흐르게 할지어다"

이 유명한 한마디는 한국에 기독교가 전파된 이래 일제 강점기와 해방을 거쳐 오늘에 이르기까지 정치 기득권자에게나 부조리한 사회 지도자들을 야단치는 기독교 지도자들의 상용 문구가 되었다.

그러나 여기에 문제가 있다. 아모스의 입을 통해 선포된 하나님의 그 말씀은 불의한 나라에 주시는 경고였다. 그런데 오늘 확증편향 된 자기주장을 제 논에 물대기식의 삽질 도구로 삼기에 영 답답하다. 일테면 이런 것이다. 최근 대통령이 계엄을 선언한 것에 대하여 야당이 다수인 국회는 그를 탄핵했다. 이어서 고위 공직자 수사처에 체포되어 헌법재판소로부터 파면 여부를 가리는 재판을 받고 있다.

문제는 주장의 방법이다. 폭력을 사용하거나 가짜뉴스로 호도하는 행위는 사회악이요, 범죄다. 게다가 하나님의 말씀을 거두절미하여 특정 부분을 자기주장에 버무려서 합리화하는 건 하나님께 짓는 영적 범행이다.

며칠 전 대통령 탄핵 관련한 집회 현장에서 아모스의 입을 통한 하나님의 말씀인 "오직 정의를 물 같이, 공의를 마르지 않는 강 같이 흐르게 할지어다"라는 성구를 큼지막하게 써놓고 그것을 자신들의 주장으로 활용하는 장면을 유튜브 영상으로 보았다.

과연 그들의 주장하는 바가 하나님의 뜻과 일치한다는 어떤 확신이 있는가? 만약 그 반대쪽의 주장자가 똑같은 성구로 자기들의 주장을 내세운다면 하나님의 뜻은 어느 쪽이 맞는 것인가?

그 말씀은 상대에게 요구할 일이 아니다. 자기에게 적용해야 한다. 하나님의 말씀은 공격형 무기가 되어서는 안 된다. 나 자신을 살피는 나의 뼈를 깎는 도구, 아니면 악에게 대항하는 무기가 되어야 한다.

내가 신학을 공부하던 때는 전두환 정권의 서슬이 퍼렇던 때였다. 어느 곳에서나 학생들의 시위가 끊임없었다. 장로회 신학대학 정문에도 전투경찰대가 지키고 교문 안쪽에서 우리는 찬송을 부르며 시위하고 있었다. 내 손에도 돌멩이 하나가 쥐어져 있었다. 학교 정문을 사이에 두고 대치된 상황에서 신학생들이 일제히 교문 밖 전투경찰을 향해 돌을 던졌고 나도 던졌다. 나의 돌멩이는 누구도 맞추지 못하고 엉뚱한 곳으로 떨어졌지만 지금도 나는 그때의 일을 후회하지 않는다. 그때 가장 많이 인용했던 성구가 바로 아모스 예언자의 말씀이었다.

또 깨소금같이 고소하게 기억되는 히브리어 시험 시간. 교수님은 긴장한 우리에게 무감독 시험을 선언하고 나가셨다. 나는 컨닝의 유혹을 묵묵히 잠재우고 떳떳이 모르는 문제는 모른 채로 시험을 치르고 초라한 성적표를 받았다. 그 초라한 성적이 자랑스러웠음은 적어도 그 순간 내 시험지 위에는 정의가 강같이 까지는 몰라도 개울물같이라도 흐르고 있었기 때문이 아닐까.

그때, 내 마음에 흐르던 한 마디가 박광철이라는 목사가 쓴 "떳떳한 B학점이 부끄러운 A학점 보다 낫다"라는 책 제목이었다. 아모스의 외침이 보람도 없이 이스라엘은 얼마 못 가서 수리아의 침략을 견디지 못하고 사마리아를 내주고 막을 내렸다. 대한민국에도 정치가 민도를 따르지 못해 역대 대통령들이 감옥 가거나 시해弑害를 당하거나 추방을 당하며 수난을 겪었다. 정치권에 흐르지 않는 정의와 공의의 강물을 이 시대의 아모스인 우리가 흐르게 해야 할 책임이 있다.

작은 강줄기들은 있다. 일테면 노숙자들을 위한 밥퍼 사역은 세계 여러 곳에 지부를 두고 있다. 남북 협력 사업이나 재난 구호에 앞장서는 교회, 약자와 빈자들을 위한 사역은 도도히 강물처럼 흐르고 있는 것도 사실이다. 그럼에도 이 사회는 교회에 대한 요구가 많다. 기대감이 높은 것이다. 그래서 가끔 교회를 향한 쓴소리를 한다.

다시금 이 시대를 향해 외쳐줄 아모스가 그립다. 과연 하나님이 강처럼 흐르게 하라고 하셨던 정의는 무엇이며 이 땅에 공의는 언제쯤에나 물처럼 흐르게 될까.

31, 오바댜

심판

형님,

오늘은 오바댜를 읽었습니다. 글쓴이의 이름 말고는 거의 알려진 게 없지만, 읽을수록 형님과 누나의 관계가 떠올랐습니다. 그리고 한반도의 남북 관계도 더욱 실감나게 다가왔습니다.

오바댜는 여호와께서 말씀하신 대로 에돔이라는 당시 요르단 동쪽의 작은 부족국가의 처절한 멸망을 예언한 내용입니다. 물질적인 것은 물론, 인간끼리 나누던 신의에서 모조리 배신당하고 민족 전체가 세상에서 완전히 자취를 감추는 절멸 상태가 되리라는 예언입니다. 이유는 그 형제 민족인 야곱 족속에게 저지른 악행 때문이라고요. 심은 대로 거둔다는 말은 악의 열매를 거두는 일에도 적용되는가 봅니다.

형님,

하나님은 오바댜에게 야곱의 회복을 동시에 말씀하셨습니다. 경천동지驚天動地할 멸망의 날에 야곱 족속은 지푸라기같이 맥없이 무너지는 에돔을 불쏘시개 삼아 불꽃처럼 일어나고 주변의 여러 도성과 토지들을 정복하게 되리라고 말입니다. 결국, 그들의 나라를 여호와께 속하게 하리라는 메시지입니다.

형님,

오바댜서를 읽으며 형님과 누나를 떠올린 건 나에게는 아주 자연스러운 것이었습니다. 에돔과 야곱은 쌍둥이이지만 그들은 평생 가해자와 피해자로 살았지요. 형님과 누나가 오누이이면서 서로의 마음에 높은 벽을 쌓고 살아오신 점이 오바댜를 읽는 내내 오버 랩 되지 않았겠습니까.

그토록 무너지지 않을 옹성甕城에 사는 에돔처럼 젊은 날을 힘있게 살던 누나가 팔순에 접어들어 초라해진 말년을 보내고 있다는 소식을 들으니 더욱 그랬습니다. 마치 에돔이 받은 심판을 누나가 받는 것 같고 누나로부터 심각한 피해를 보았다고 울분을 토하던 형님이 숱한 시련을 겪은 후 비로소 회복되어 하나님의 큰 위로를 받는 야곱처럼 느껴졌습니다. 오바댜를 덮으며 생각했지요.

'어쩌면 누나는 에돔의 길을 간 게 아닐까. 그러면 형님은 야곱?'

야곱과 에돔의 관계를 볼 때마다 저는 생각했어요. 누가 누구에게 피해를 준 것일까 하고요. 그건 생각하기 나름이겠고, 관점을 어디에 두느냐에 따라 다르다 싶었지요. 에돔과 야곱이 모두 인간적 욕심으로 버무려진 존재였던 건 사실이잖아요. 그것을 추구하는 과정에서 에돔은 세속적이고 인간적인 방법이 강했고 그러다 보니 거룩함이나 하나님 은혜를 경홀히 여겼겠고요. 야곱은 영적이고 신령한 하나님의 은혜를 갈망함이 늘 앞서있었고요. 그래선가, 똑같은 인간이고 욕심 많은 죄인이지만 에돔은 하나님이 미워하셨고, 야곱을 더 사랑했다고 나는 믿고 싶습니다.

형님,

이 관계는 묘하게도 우리 한반도의 상황과 많이 닮아있지 않습니까? 우리가 어렸을 때, 부모님과 친척분들이 쓰던 평안도 사투리가 지금도 기억 속에 남아있습니다. 같은 조상의 한민족을 남과 북으로 가른 금을 '휴전선'休戰線이라 하잖아요. 전쟁을 잠시 멈추고 있을 뿐 언제든 상황이 되면 싸울 상태라는 거죠. 북은 남의 옆구리에 가시 같은 존재로 외세의 힘과 핵을 위시한 무력으로 위협하고 영적으로는 하나님의 존재를 아예 무시하는 김일성 주체사상의 망조亡兆를 언제까지 고수할까요. 우리는 언제쯤에나 우리 부모님의 고향인 평양을 갈 수 있을까요. 기필코 에돔을 심판하시고 야곱에게 회복을 주신 하나님께서 언젠가는 그날을 주시겠지요?

야곱으로 대체되는 남. 에돔으로 견줄 수 있는 북. 이 대립의 분단시대가 끝나고 저 휴전선은 하나 된 국가의 분단 기념물로, 비무장지대의 숲은 평화의 공원으로 관광 명소가 될 날을 지금도 마음속 깊이 기도하고 있으니까요.

형님,

누나가 많이 가엽습니다. 목회자의 딸로, 형님의 동생으로 태어났지만, 무늬만의 신앙인으로 욕심 사납게 살다가 에돔이 연상되는 노추老醜를 보이니 말입니다. 비록 삶이 힘겨웠을지언정, 가난한 목사의 길을 모두 마친 후, 서정주의 시 〈국화 옆에서〉의 '누이' 같은 모습으로 정갈한 노후를 보내시는 형님께 축하를 드립니다.

형님,

아직 두 분이 모두 살아있다는 건, 화해의 기회가 있는 것 아닙니까? 마음으로야 많은 용서와 회개가 있었겠지만, 야곱의 기도를 간직한 형님이 이제라도 어떤 적절한 기회를 만들어 누나에게 손 한 번 내밀어 주심이 어떨까요? 두 분 가운데 한 분이라도 하나님의 부르심을 받으시기 전에 말입니다. 시간이 별로 없습니다.

당부

아픈 그대
끝내 치유 받기 원하노라
울고 있는 그대
혼자가 아님을 아는가
손 내밀어 다오

32, 요나

요, 나!

꽤 오래전에 만화로 본, 고전 민담 하나가 있다. 동화적 재미에 웃음도 나오고 교훈도 되어서 기억에 오래 남아있다.

어느 마을에 해몽을 잘한다고 소문난 사람이 있었다. 같은 마을에 그의 해몽 실력을 시험하고 싶은 사람이 있어, 꾸지도 않은 돼지꿈을 꾸었다며 해몽가를 세 번이나 찾아가 물었다. 꿈은 거짓인데 해몽은 기가 막히게 맞아떨어졌다. 오히려 객기를 부렸던 그가 흠씬 매를 맞았다. 꾸며낸 꿈이었노라 고백하며 어찌 그런 꿈까지도 맞추는지 묻자 해몽가는 이렇게 답했다.,

"느닷없이 돼지가 꿀꿀대면 배가 고픈가 하고 여물을 주지. 그래도 꿀꿀대면, 자리가 불편한가 싶어 짚을 새로 깔아준다네. 그래도 꿀꿀대면, 그때는 회초리가 답일세"

구약 성경에 그 민담 속 객기 꾼 같은 인물이 있다. 요나라는 사람. 성경 학자들은 그를 '예언자'로 말하지만 나는 개인적으로 인정하기 어렵다. 요나서의 짤막한 전개 과정을 읽을수록 그렇다.

예언자는 점쟁이처럼 앞날에 뭐가 어떻게 될 것이라 말하는 예언豫言보다는 하나님 말씀을 맡아서 인간에게 전하는 예언預言, 즉 대언자代言者의 성격이 더 강하다. 그러기에 모름지기 예언자로 부름을 받았다면 맡겨진 말씀에 목숨 걸고 대언하는 게 그의 사명이요 숙명이다.

그런 그에게 하나님의 명이 임했다. 그의 조국을 괴롭히는 나라에 죄가 극에 달하여 사십일 후엔 망할 지경이니 가서 회개를 외치라는 명이었다. 싫었다. 그냥 놔두면 망한다니 얼마나 잘된 일인가. 그래서 정 반대 방향으로 가는 배를 타고 도망치던 때였다. 출항한 지 얼마 안 되어 심한 파도가 닥치자 선원들은 배 안에 누군가 신을 노엽게 한 죄인이 탄 걸로 믿었다. 그래서 당시 신의 뜻을 묻는 방법이었던 제비뽑기로 배 안의 죄수를 색출한 끝에, 요나를 붙들었다. 자신의 책임을 직감한 그는 차라리 바다에 자신을 던지라고 말했다. 원수 나라에 가서 회개를 외치느니 차라리 죽는 게 낫다고 생각한 것일까.

이런 자가 예언자, 대언자인가? 이건 시작일 뿐이다. 하나님은 바다에 던져진 그에게 큰 물고기를 보내셔서 삼키게 하여 그의 생명을 보전保全하셨다. 거기서 순간적인 깨달음으로 감사와 찬송을 부르며 서원 예물을 갚겠노라 약속하며 뭍에 나왔다. 다시 한번 기회를 얻은 것이다. 나오자마자 두말않고 그는 하나님이 가라시는 원수의 나라에 갔다. 그가 외친 음성은 아주 단순했다. "사십일이면 니느웨가 무너지리라" 이 짤막한 말. 서론도 본론도 없이 결론만 있는 단 몇 마디를 하룻길 걸으며 마지못해 외쳤을 뿐이었다.

파급 효과는 엄청났다. 그가 던진 예언 폭탄에 왕은 물론 성 전체가 금식하며 회개의 물결을 이루어 완벽한 구원에 이르렀다. 어처구니없게도 그래서 요나는 더 화가 났다. 그는 하나님의 자비로우심을 도무지 이해하지 못했다. 이렇게 고약한 그를 하나님은 박넝쿨 하나가 요나 앞에 한순간에 피었다가 스러지는 기적을 보여주시며 하나님의 영혼 구원 열망이 얼마나 강한지를 설득하는 것으로 요나서는 끝난다.

눈을 비벼뜨고 보아도 요나의 이름 뜻인 비둘기 같은 모습은 그에게 없다. 그는 하나님의 명령을 행했지만, 억지였을 뿐 인격적 순종은 아니었기에 나는 그를 예언자니 선지자니 하는 대언자로 생각하기 어렵다. 요나서에는 끝내 그의 회개하는 모습이 없다.

요나서를 읽으며 그 가짜 꿈을 들고 해몽가를 찾아갔다는 민담의 주인공이 생각났던 이유도 여기에 있다. 요나와 그 사람의 공통점은 중심이 고약하다는 것과 그에게 깨달음의 기회가 많이 있었지만 끝내 변화되는 모습은 없었다는 점이다.

그런데 가장 이상한 지점은 따로 있다. 요나서를 읽으면 읽을수록 나 자신이 클로즈업된다. 내가 요나처럼 도망친 적도 없고 성질을 부리거나 마지못해 목사가 된 건 더욱 아닌데.

그런데, 목회 여정을 돌아보니 내가 영락없는 요나다. 언어의 유희로 '요나' 는 엉터리 예언자 이름 "요, 나" 이근형이다. 부름을 받긴 했다. 그러기에 목사다. 그런데 내 감정을 하나님의 명보다 앞세우고 내 의사意思대로 움직인 게 한두 번인가. 기분 나쁜 현장은 피하고 환대받고 명예가 있는 델 기웃거린 적도 여러 번이다. 그러다가 이런저런 파도와 태풍을 일으킨 적도 한두 번이 아니다.

그러나 성경의 주된 목적은 인간의 죄성을 부각하기보다 하나님의 지극하신 아가페를 보여주려 함이 더욱 크기에 비록 억지스럽지만, 나도 가히 하나님 종의 반열에 들어가야 함이 옳지 않을까. 성경 속의 문제아, 가장 한심하고 엇나갔던 예언자(라고 불러야 하는지조차 모를 인간) 요나는, 지금 이 글을 쓰고 있는 요, 나, 이근형이라 해도 될 터이니까.

너무 늦은 건 아닐가

해는 지고 달도 없다
그래도 어딘가에 켜진 불빛
혹시 모른다
그가 문을 열어둔 채
깨어 있을지
울고 있을지

33, 미가

변론

고영근 목사-. 그는 엄혹했던 박정희 유신 시대에 대표적이라 할 수 있는 기독교계 반골反骨 인사 중 하나였다. 말 한마디 잘못했다가는 유신 헌법 긴급조치 위반으로 끌려가던 시절, 고 목사는 천하의 박정희를 향하여 법정에서서 거침없는 언사를 쏟아 놓은 것으로 유명했다. 그가 어느 기도회 모임 자리에서 대표기도를 맡았을 때, 미가서에 기록된 이 본문을 그대로 인용했다고 한다.

"통치자들아 들으라 정의를 아는 것이 너희의 본분이 아니냐 너희가 선을 미워하고 악을 기뻐하여 내 백성의 가죽을 벗기고 그 뼈에서 살을 뜯어 그들의 살을 먹으며 그 가죽을 벗기며 그 뼈를 꺾어 다지기를 냄비와 솥 가운데에 담을 고기처럼 하는도다"

이 기도가 문제 되어 법정에 서기도 했던 시절이었다. 그래서일까, 미가서를 읽을 때마다 고영근 목사가 떠오르는 건 어쩔 수 없다.

미가라는 예언자가 활동하던 시대, 주전 8세기경 이스라엘은 분단된 상황이었다. 미가는 남북 왕조 모든 지도자의 위선과 폭행을 지적하여 그들의 멸망을 예언했다. 당시 지도자들의 중요한 죄악은 영적 타락이었다. 북쪽 지역의 사마리아에서 사이비 제단이 세워지고 사이비 제사장이 진짜인 듯 행세하도록 정치권이 앞장서서 주선했다. 통일된 다윗왕국에서 쿠데타로 북쪽 지역을 분할 통치한 자신들의 종교적 정통성을 세우기 위해서였다.

남쪽 유대 지역, 예루살렘이라 해서 별반 다르지 않은 게, 침상에서 악을 꾸미고 일어나면 실천하는 짓거리가 죄 없는 서민들의 밭들을 탐하여 뺏고 깨어있는 영적 지도자들의 입을 막고 하늘의 음성을 전하지 못하게 강제했다. 그래서 미가는 시온을 피로, 예루살렘을 죄악으로 건축하는 자들이라 일갈했다. 그는 마치 검사가 법정에서 죄를 다루듯 낱낱이 그들의 죄상을 고발했다.

전도사 시절 미가서를 읽으며 도둑질하다 들킨 사람처럼 움찔했던 적이 있다.

"내 백성을 유혹하는 선지자들은 이에 물것이 있으면 평강을 외치나 그 입에 무엇을 채워 주지 아니하는 자에게는 전쟁을 준비하는 도다. 이런 선지자에 대하여 여호와께서 이르시되 그러므로 너희가 밤을 만나리니 이상을 보지 못할 것이요 어둠을 만나리니 점치지 못하리라 하셨나니 이 선지자 위에는 해가 져서 낮이 캄캄할 것이라"

이것은 힘이 약한 백성들에게 물질적인 호혜互惠만을 기대하는 당시의 영적 지도자라 자칭하는 자들의 타락을 지적한 부분이다.

당시 나에게 물질적으로 이런저런 베풂을 주는 성도가 있었다. 순수한 마음으로 나를 존중하는 뜻이었지만 나 자신이 성도를 향한 균형감을 잃는 느낌이 들었다. 나 스스로에 깜짝 놀랐다. 목회자가 그런 것에 마음을 기울이다 보면, 미가의 지적대로 영적으로 어둡게 되고 하나님의 뜻을 제대로 분별하지 못한다. 그때부터 물질로 성도를 편애하거나, 어떤 결정을 할 때도 물질에 좌우되는 일은 하지 않으리라 최대한 애쓰며 살아왔다.

미가는 당시 나약한 백성에게 희망을 포기하지 말 것을 강조한 변호사이기도 했다. 그가 선포하는 희망의 메시지는 무시무시한 질책을 완전히 무색하게 한다. 그 놀라운 희망의 메시지 한 줄은 이렇다.

"베들레헴 에브라다야 너는 유다 족속 중에 작을지라도 이스라엘을 다스릴 자가 네게서 내게로 나올 것이라 그의 근본은 상고에, 영원에 있느니라"

'떡집'이라는 뜻의 지명인 베들레헴, '많은 열매'의 뜻을 가진 에브라다 라는 그 백성들이 사는 작은마을에 창조 이전의 존재자 하나님의 아들이 직접 내려와 다스릴 것이라며 낙심하지 말 것을 당부했다. 이 희망 선포는 그로부터 8백 년 후 예수 탄생 당일에 동방의 박사들이 별을 보고 찾아왔을 때, 헤롯이 학자들을 불러 아기 예수 탄생지를 베들레헴이라고 가르쳐준 근거가 되기도 했다.

오늘의 기독교는 빛을 잃었다. 소금 같은 맛도 잃었다. 서울 한복판의 광화문에는 연일 목사의 탈을 쓴 이상한 사람이 큰 소리로 민중을 호도하고 있다.

이 사회에 누가 가난한 베들레헴 에브라다에 위로를 전해줄까. 누가 이 시대의 미가가 되어 꼭 필요한 경고와 위로를 줄까. 참 안타깝다.

내가 할 수만 있다면 오만함과 물욕에 가득 찬 교회 지도자들에게, 차가운 구치소에 구금되어있는 대통령을 면회하여 이 글을 쪽지에 써서 전해주고 싶다.

"사람아 주께서 선한 것이 무엇임을 네게 보이셨나니 여호와께서 네게 구하시는 것은 오직 정의를 행하며 인자를 사랑하며 겸손하게 네 하나님과 함께 행하는 것이 아니냐?"

터널 안

위에는 아스팔트
앞에는 대낮의 들길
여기 조금 어두울 뿐
어디선가 들리는
당신 목소리

환호

'꿈꾸는 백마강'이라는 대중가요. 1940년대에 나와 지금까지 회자 되는 노래 가사는 이렇다.

백마강 달밤에 물새가 울어/잊어버린 옛날이 애달프구나/저어라 사공아 일엽편주 두둥실/낙화암 그늘에 울어나보자/고란사 종소리 사무치면은/구곡간장 올올이 찢어지는 듯/누구라 알리요 백마강 탄식을/깨어진 달빛만 옛날 같으니

조명암이라는 작사가는 백마강물에 달빛이 이지러지는 모양을 망해버린 백제의 역사를 말해주는 듯하다고 탄식했다. '호랑이도 죽으면 불쌍하다'는 말이 있듯이 살아있을 때 무시무시하던 권력도 멸망의 뒷모습은 무척 애잔하게 느껴지기도 한다.

망하는 쪽에서야 슬프고 또 슬픈 서사이지만 그 망한 나라에 억압과 침탈을 당하기 일쑤였던 쪽에서는 환호성을 외칠 일이다. 구약 목록의 서른네 번째 책인 나훔서는 고대 기원전 6세기 중반 중동 지역의 악명 높은 앗수르가 철저히 멸망할 것을 예언한 책이다.

현대의 국호를 시리아라 칭하는 당시의 앗수르는 성경에서 수리아로도 명칭이 혼용되었다. 지금의 중동 지역 시리아와 이라크를 합친 지역을 소유했던 앗수르는 기원전 8세기경 북 왕국 이스라엘에게는 하나님의 진노를 깨닫게 하는 도구로 사용된 초강력의 힘을 가진 제국이었다. 2백여 년에 걸쳐 걸핏하면 영적으로 타락한 이스라엘을 침략하여 수탈을 일삼고 결국 멸망시켜 그들의 민족을 수도 사마리아에 집단 이주시켜 혼혈의 도시로 만드는 악행

을 저질렀으니까. 하나님은 앗수르의 힘을 통하여 역천자는 망한다는 단순한 진리를 가르치셨다.

그렇다고 앗수르는 이스라엘을 가르치는 하나님의 교육 도구 역할만 한 것도 아니다. 하나님은 앗수르가 패망하기 백 수십 년 전 요나라는 이스라엘의 예언자를 보내어서 그들에게 회개를 촉구하기도 했다. 부름받은 요나는 그들의 횡포를 너무나 뚜렷이 기억하고 있던 터라 앗수르의 수도 니느웨로 가서 회개를 외쳐 구원에 이르게 하라는 하나님의 명을 거역했었다. 그러나 하나님은 끝내 그를 보내셔서 회개를 선포하게 하셨고 그들은 왕으로부터 전 국민의 집단 금식 회개를 통해 멸망을 면한 역사도 있다. 이 세상 그 어느 폭력과 무자비로 얼룩진 악한 제국의 영혼도 구원하기를 원하신다는 언필칭言必稱, 하나님의 구세救世 열망을 나타내는 표본이 되기도 하였다. 재미있는 사실은 아이러니하게도 이렇게 앗수르 라는 한 민족이 구원의 표본도 되고 멸망의 표본도 되었다는 점이다. 그러기에 성경은 보는 각도와 관점에 따라 재미있는 구석이 많다.

어쨌든 요나의 외침으로 여호와의 구원 역사를 체득했음에도 불구하고 앗수르는 세계 패권의 야욕을 변방의 민족들에게 잔인무도하게 펼치며 세력확장을 꾀하다가 바벨론이라는 세력 앞에 무릎을 꿇고 화려했던 역사의 막을 내렸다.

나훔서는 그런 앗수르가 어떻게 멸망할 것인가를 영화의 장면처럼 처참하게 그린 예언서다. 나훔 예언자는 앗수르가 멸망할 것이기에 유다 민족에게 그 소식이 환호성을 울리게 될 일이라고 이렇게 외친다.

강들의 수문이 열리고 왕궁이 소멸되며 정한 대로 왕후가 벌거벗은 몸으로 끌려가니 그 모든 시녀가 가슴을 치며 비둘기 같이 슬피 우는도다

상상해보라. 백제가 멸망하던 날, 의자 왕이 죽고 그를 옹위하던 시녀들이 낙화암에 투신하는 장면이 얼마나 아려오는가. 시녀들의 투신도 그러하거늘 천하를 호령하던 앗수르의 왕비가 나신이 되어 바벨론에 끌려가는 장면을

상상하는 앗수르의 국민이 얼마나 서러웠을까. 이 모든 슬픔이 고스란히 유다에게는 환호의 이유가 되었다.

"볼지어다 아름다운 소식을 알리고 화평을 전하는 자의 발이 산 위에 있도다. 유다야 네 절기를 지키고 네 서원을 갚을지어다 악인이 진멸되었으니 그가 다시는 네 가운데로 통행하지 아니하리로다"

유다는 앗수르의 침략을 기다리기라도 하듯 불안에 떨고 있을 즈음에 이런 외침이 들렸으니 얼마나 안도감이 컸을까. 나훔이 전한 앗수르 패망의 예언은 유다의 환호 그 자체였다.

나는 캄보디아를 두 번 다녀왔다. 모두 슬픈 역사의 확인이었다. 앙코르와트 사원의 거대한 돌무더기가 전해주는 영화의 흔적이 충격이었다. 한 인간이 같은 인간을 소모품으로 여기며 노동을 착취하여 자신의 영생을 꾀했다지만 또 어찌 그리 신속히 멸망했을까. 캄보디아에서 확인한 또 하나의 잔인무도한 현대의 비극, 킬링필드가 남긴 해골 탑도 있었다. 역천자는 망한다는 아주 단순한 진리를 거기서 보았다.

나훔 예언자가 앗수르의 패망을 예언하면서 묘사한 문장들이 오늘날 지상의 모든 악한 정권을 향해 소름 끼치도록 살아서 가슴을 때린다.

"화 있을진저 피의 성이여 그 안에는 거짓이 가득하고 포악이 가득하며 탈취가 떠나지 아니하는도다. 휙휙 하는 채찍 소리, 윙윙하는 병거 바퀴 소리, 뛰는 말, 달리는 병거, 충돌하는 기병, 번쩍이는 칼, 번개 같은 창, 죽임당한 자의 떼, 주검의 큰 무더기, 무수한 시체여 사람이 그 시체에 걸려 넘어지니 이는 마술에 능숙한 미모의 음녀가 많은 음행을 함이라 그가 그의 음행으로 여러 나라를 미혹하고 그의 마술로 여러 족속을 미혹하느니라"

평화를 위해 사용한다는 어떤 폭력도 정당화될 수 없다. 평화를 위해서라면 평화보다 더 큰 무기가 또 있을까. 폭력의 나라 앗수르가 철저히 망하리라는 나훔의 외침은 평화를 바라는 우리 모두에게는 환호할 일임에 틀림이 없다.

35, 하박국

포옹

성경은 하나님이 하시는 모든 일을 다 믿으라고 하지만 고개가 갸우뚱거릴 때가 많다. 나 자신에게 일어나는 일은 물론 사회가 안고 있는 문제들 앞에 하나님은 왜 침묵하시는가. 이런 불만 섞인 질문들을 감히 하나님께 대놓고 따져 본 적이 있는가.

우리말의 느낌으로는 좀 우스꽝스럽게 다가오는 이름의 예언자 '하박국'이 그런 사람이었다. 그 이름의 뜻은 껴안는다, 포옹의 뜻이다. 이름은 그렇지만 그는 하나님의 침묵을 껴안거나 포옹하기 어려웠다.

당시 왕들은 애굽과 바벨론 사이에서 오락가락 줄타기외교로 양국의 미음을 받으며 내적으로는 국법을 농단하고 율법을 땅에 떨어뜨리는 만행을 저질렀다. 정치권도 그렇지만 서민의 삶도 엉망인 게 모두지 거룩한 모양이 보이지 않았다. 국제 정세는 유대가 선호하는 애굽이 신흥 세력의 바벨론에게 침략을 당하는 지경이었다. 꼭 우리나라 구한말의 고종 순종시대 같은 글자 그대로 '풍전등화' 격이었다.

하박국의 고민은 나라의 형편보다 하나님이었다. 왜 하나님은 침묵하시는가? 나라가 얼마나 더 망가져야 소리를 발하실 터인가. 그는 따져 물었다.

"여호와여 내가 부르짖어도 주께서 듣지 아니하시니 어느 때까지리이까. 내가 강포로 말미암아 외쳐도 주께서 구원하지 아니하시나이다. 어찌하여 내게 죄악을 보게 하시며 패역을 눈으로 보게 하시나이까 겁탈과 강포가 내 앞에 있고 변론과 분쟁이 일어났나이다. 이러므로 율법이 해이하고 정의가 전혀 시행되지 못하오니 이는 악인이 의인을 에워쌌으므로 정의가 굽게 행하여짐이니이다"

일본의 작가 엔도 슈사꾸가 쓴 〈침묵〉이라는 소설은 하박국의 이런 고민과 똑같은 고민으로 갈등했던 선교사들의 이야기다. 일본 선교에 나선 스승 선교사가 현지의 핍박에 굴복하여 배교 했다는 소식이 포르투갈에 본부를 둔 예수회 선교회에 알려진다. 그것을 확인하기 위해 현지로 간 두 제자 신부는 일본에서 끔찍한 핍박이 벌어지고 있는 현실을 맞닥뜨리고, 이런 현실에 신께서 어떤 역할도 하지 않는 것에 대한 깊은 회의감에 빠진다.

자신도 붙들려, 모진 고문을 당하고 최후의 선택을 강요받는다. 예수의 흉상을 밟으면 생명을 보전하고 밟지 않으면 자신을 바라보는 다른 신자들도 참혹하게 죽임을 당하게 되는 기로에 선다. 성상을 밟아 배교하고 모두를 살릴 것인가, 모두가 죽더라도 자신의 신앙을 지킬 것인가 이런 딜레마에 빠져 있을 때 신의 음성이 들린다.

'밟아라. 네 발의 아픔을 내가 제일 잘 알고 있다. 밟아라. 나는 세상에 태어나서 너희들의 아픔을 나누기 위해 십자가를 짊어진 것이다.'

'나는 침묵하고 있던 것이 아니다. 너희들과 함께 고통받고 있었다'

소설 〈침묵〉은 하나님이 침묵으로 말씀하고 있었음을 알려주는 작품이다. 하박국이 경험한 하나님도 같다. 하나님은 말씀하실 시간을 기다리고 있었을 뿐이었고 하박국은 분명한 응답을 들으며 확고한 하나님의 계획을 알게 되고 또한 그 뜻을 전하게 되었다. 침묵으로 느껴지던 하나님의 섭리를 그의 이름처럼 포옹, 껴안게 되어 이렇게 찬송한다.

"비록 무화과나무가 무성하지 못하며 포도나무에 열매가 없으며 감람나무에 소출이 없으며 밭에 먹을 것이 없으며 우리에 양이 없으며 외양간에 소가 없을지라도 나는 여호와로 말미암아 즐거워하며 나의 구원의 하나님으로 말미암아 기뻐하리로다"

나는 일제나 육이오를 거치지 않은 전후 세대다. 평생을 대한민국 국민의

한 사람으로 살면서 기독교인의 한 사람으로 느꼈던 고민의 하나가 있었다. 대한민국의 현실에 왜 하나님은 침묵하시는가였다. 유년기에 어른들의 수런거림 속에 들려온 이승만과 4.19 소식, 5.16쿠데타와 장기 집권. 소년 시절의 유신 독재 치하와 청년기에 10.26을 지나며 신학 수업 시절 5공화국이 저지른 광주의 비극을 보았다. 드디어 민주화를 이룩했지만, 시련은 끝이 없었다.

초대 대통령이 하와이로 쫓겨나가고, 쿠데타를 일으킨 대통령은 부부가 차례로 장기 집권 끝에 시해弑害를 당하며, 학살로 집권했던 대통령은 사형 선고를 받았다가 복권되었지만, 국민 앞에 사과 한마디 없이 뻔뻔한 얼굴로 장수하다가 숨을 거두었다. 그 후 민주화의 공이 있는 대통령들은 자식들로 인하여 굴욕을 당하였고, 심지어 존경받는 대통령은 퇴임 후 부패 수사를 받다가 자살을 선택했다. 재벌 출신 대통령은 퇴임 후 부패 혐의로 감옥을 다녀왔으며 무능하다는 대통령은 탄핵 후 파면되고 감옥살이를 했다. 퇴임 후 평온한 삶을 살다가 마친 경우가 몇 안 되고 지금의 대통령은 탄핵 소추되어 헌법재판소로부터 파면 여부의 결정을 기다리고 있다.

그때마다 어찌 하박국처럼 부르짖지 않았겠는가. 어찌 그리스도인으로 나라와 민족을 위한 간절한 탄원이 없었겠는가. 시끄러운 시국이 펼쳐질 때마다 하나님이 침묵하시는 것 같은 안타까움에 애를 태운 건 어쩔 수 없었다.

그런데 역설적이게도 한국 사회는 그런 역사적 아픔 속에서 경제, 군사, 문화적으로 세계 상위권을 차지하는 나라로 우뚝 서 있으니 하나님이 과연 대한민국에 사는 수많은 백성의 기도에 침묵하셨다고 단정할 수 있을까.

하박국의 항의에 하나님의 응답은 이것이었다.

"의인은 그의 믿음으로 말미암아 살리라"

인간의 이런 현실에도 불구하고 믿음으로 살아온 누군가의 기도에 하나님은 침묵처럼 보이는 섭리를 펼치신 것이 분명하다. 내가 하박국처럼 그 음성을 듣지 못했을 뿐일 것이다. 돌아보면 민족의 고통 속에서도 우리에게 하시는 그분의 포옹하지 않을 수 없다. 결국, 하박국의 노래는 나의 노래가 되어야 하리라.

은총

"너의 하나님 여호와가 너의 가운데에 계시니 그는 구원을 베푸실 전능자이시라 그가 너로 말미암아 기쁨을 이기지 못하시며 너를 잠잠히 사랑하시며 너로 말미암아 즐거이 부르며 기뻐하시리라 하리라"

기독교인이라면 누구나 마음 깊이 감동할 만한 이 성구는 구약의 거의 끝부분에 있는 예언서 스바냐의 한 구절이다. 복음성가로도 만들어져 웬만한 찬양시간에는 부르게 되는 인기곡이어서 나도 기타를 치며 가슴 절절히 은혜를 느꼈던 곡이다. 곡 전체의 부드러운 진행이 성경의 내용을 잘 전달해주기 때문이다. 이 노래만 듣고 성경 본문에 호감이 가서 스바냐서를 읽다 보면 어리둥절해진다. 단 세 개의 장으로 된 짧은 책이지만 초반 중반에는 너무나 끔찍한 심판의 메시지가 선언되었기 때문이다. 문장의 분위기로 치면 천지 창조를 기록한 창세기 1장과는 정반대인듯싶으니까. 스바냐는 저자 소개만 간단히 한 후 "여호와께서 이르시되 내가 땅 위에서 모든 것을 진멸하리라"라는 말로 시작한다. 하나님이 창조하신 세계를 하나님 스스로가 차례로 진멸하시겠다는 분노는 어디서 촉발되었을까.

유다의 후반부에 등장했던 히스기야 왕은 선정을 베풀어 좋은 치적을 남겼지만, 그런 왕에게서 어찌 그토록 악한 아들이 날 수 있을까 싶은 그의 아들 므낫세는 무자비와 우상 숭배로 악함이 그지없었다. 스바냐는 므낫세의 학정을 바라보며 하나님의 진노에 찬 음성을 듣고 그대로 받아적었다. 스바냐는 유다의 진멸부터 시작해 인근의 부족 국가들의 진멸도 함께 예언했다. 하나님은 당연히 유다에 국한된 신이 아닌 온 세상의 주님이심을 알리는 메시지인 것이다.

성경에서 예언서의 특징이 심판과 동시에 희망을 빼놓지 않고 선포했다는 점에서 스바냐서도 예외는 아니다. 스바냐의 끝부분에 이르러 하나님은 스바냐의 입을 통하여 마치 아기에게 젖을 물린 엄마처럼, 연약한 애인에게 다가가는 멋지고 힘 있는 교회 오빠처럼 나긋나긋한 어조로 속삭이셨다.

그토록 타락하여 진멸할 대상이지만 새롭게 태어날 곤고하고 가난한 백성들에게는 여호와의 이름을 의지하여 보호받게 하리라는 약속과 함께 기쁘게 노래하며 즐거워하라고 부드러운 음성을 발하셨다.

과연 예언자 스바냐 시대가 그런 역사를 남겼다. 히스기야가 개혁한 나라를 므낫세와 아몬이 망칠 때 하나님은 스바냐의 예언으로 경고하시고 그것을 보고 깨달은 요시야가 정신 차려 새 나라를 건설했다.

므낫세 이후 2년의 악정 끝에 신복에게 살해된 아몬 다음 왕인 요시야는 히스기야의 선정과 므낫세의 학정, 그리고 아몬의 최후를 들어서 알고 보아서 느꼈을 것이다. 아울러 같은 왕족인 스바냐가 쓴 메시지를 읽으며 크게 결단했을 것이 분명하다. 그는 유다의 후반부에 있었던 최고의 선왕으로 꼽혔다. 하나님의 심판과 회복을 가슴 속에 각인하고 살았음이 분명하다.

어지러운 시대, 죄악과 학살로 얼룩진 시대를 진멸하고 입술이 깨끗하지만 곤고하고 가난한 백성들에게 새로운 세계를 건설하시겠다는 하나님의 계획은 생각할수록 그들에게 베푸신 크고도 놀라운 은총이 아닐 수 없다.

그것은 오늘 이 시대에도 우리가 기대해야 할 큰 은총이다. 지금도 얼마나 많은 저 북녘의 사람들이 김일성 왕조의 수십 년에 걸친 학정에 시달리고 있는가. 내가 목회하는 교회에 탈북한 성도가 있었다. 압록강을 건너 중국을 통해 온 그 성도에게는 두어 살쯤 보이는 딸이 있었다. 그 아기는 중국을 거치는 동안 한 중국 남성에 의해 원하지 않은 경로로 낳게 되었다고 했다. 그 과정이 '참으로 아프고 슬프게 다가왔다'고 간단히 말하기에는 미안할 정도로 성도의 삶이 지난至難했다.

한번은 그 성도가 연락을 뚝 끊은 채 두어 달 출석하지 않아 많이 궁금했다. 그러다가 불쑥 나타나서는 그간의 사연을 말하는데 가히 충격적이었다.

그분은 탈북하기 전, 자신의 아버지가 원래 전라도 어디의 남한 출신으로 전쟁에 참전한 국군이었는데 생포되어 북에 살게 되었다는 걸 알고 있었다고 했다. 아버지의 사망 후 자신이 탈북하고 보니 그런 경우는 국가유공자 자격이 있으며 그런 가족에게는 많은 물질적, 사회적 배려가 따른다는 걸 알게 되었다고 했다. 그 성도는 국가보훈처로부터 자신이 아버지의 딸 임을 증명받기 위해 목숨을 걸고라도 북한에 있는 아버지의 묘에서 유골을 수습하여 유전자 확인을 받아야 하겠다고 결심했다고 했다.

그리고는 중국 압록강 가까이 가서 북한 주민에게 돈을 주고 은밀하게 아버지의 묘를 파묘하여 유골을 받아 보자기에 싸서 돌아왔다는 것이다. 그리고 아버지의 유골은 지금 자신의 냉동고에 보관하고 있다는 우리 상식으로는 이해하기 힘든 내용이었다. 놀랍기 전에 슬펐다. 한 여성의 아름다운 정서를 이토록 냉엄하고 엽기적으로까지 만든 건 누구인가. 저 북녘의 압제자가 끔찍하게 싫었다. 어떻게 하면 이 나라는 통일될까. 방법이 있다면 은총, 스바냐 예언자에게 학살 정권의 죄악을 진멸하신 후 약한 백성들 안에서 사랑하시겠다는 하나님의 은총뿐이다. 김일성 주체사상이라는 극한의 폭정에 시달리는 사람들에게 필요한 건 오로지 은총뿐이리라.

"여호와께서 이르시되 내가 땅 위에서 모든 것을 진멸 하리라" 라고 예언자 스바냐에게 주신 말씀이 오늘날 북한에서 이루어진다면 얼마나 좋을까. 순진하고도 절박한 바람으로 스바냐의 예언으로 만든 복음성가를 다시 불러본다.

"너의 하나님 여호와가 너의 가운데에 계시니 그는 구원을 베푸실 전능자, 전능자시라. 그가 너로 인하여 기쁨을 이기지 못하시며 너를 잠잠히 사랑하시며 즐거이 부르며 기뻐, 기뻐하시리라"

이 노래가 봄바람을 타고 아지랑이처럼 번지고 번지어 신음 중의 북녘 주민 모두에게 아기를 안고 있는 엄마의 노래처럼 들려지기를 간절히 기도해 본다.

성소 聖所

교회를 개척한 후 나에게는 번듯하고 눈에 띄는 교회 건축물을 짓는 꿈이 있었다. 논바닥을 메우고 세워 창고처럼 보이는 조립식 건축물로는 사람들의 시선을 끌기 어렵기 때문이었다. 당시 청주 용암지구는 아파트 신개발지였기 때문에 대략 4~5층 높이의 붉은 벽돌로 교회당을 완공하면 교회 부흥은 어렵지 않게 이룰 수 있다는 야심이 크게 작용한 것이다.

그 갈망은 교회 개척 후 6년이 지나면서 어느 정도 이루어졌다. 대로변의 번듯한 붉은 벽돌 건물에 이끌려 관심을 가지고 교회에 등록한 성도의 수가 꽤 늘었다. 자연히 내 어깨에도 조금씩 힘이 들어갔다.

무엇이 잘못된 걸까. 교회 건축물을 완성하고 10년 정도 힘차게 달리고 있던 어느 날 제동이 걸렸다. 교회를 열심히 섬기던 성도 삼분 일 가량이 집단으로 이탈하여 그들만의 교회를 따로 세운 일이 벌어졌다. 담임목사인 나는 평생에 걸쳐 가장 큰 상처를 당한 것은 물론이거니와 이탈 교인들을 바라보는 성도들이 극심한 고통과 배신감에 치를 떨게 되었다.

내가 구약 성경 학개서를 왜 그때 보지 못했을까. 왜 학개서의 메시지를 제대로 읽어내지 못했을까. 왜 성도들에게 신앙 공동체의 가치를 교회 건물에 집중하게 했을까. 지금도 후회로 남아있다. 교회 건물에 많은 가치를 두는 목사와 성도가 있다면 학개서를 여러 번 읽고 묵상하고 연구한 후 다시 생각해 보라 말해주고 싶다.

학개서는 성전을 건축하라고 독려한 예언서다. 주전 6세기경 이스라엘은 바벨론에 점령되었다. 그런데 이스라엘을 포로로 사로잡은 바벨론은 얼마 안 되어 페르시아에 패망했다, 성경에 '바사'로 번역된 페르시아는 고레스라는 왕이 고도의 유화정책으로 이스라엘 포로민들을 환국시켰다. 바벨론에 사로잡히고 페르시아의 휘하에 있은 지 대략 70여 년이 흐른 후였다.

돌아와서 본 고토는 황폐하였지만, 그들을 더욱 눈물 나게 한 것은 거룩한 백성이라 자처하는 그들 자존감의 핵심인 솔로몬 성전이 파괴된 모습이었다. 정치 지도자 총독 스룹바벨과 영적 지도자 여호수아가 귀환한 백성들을 독려하여 성전 재건에 즉각 착수했다. 성전 건축이야말로 그들 최우선의 가치를 둔 사역이었다.

그러나 의외의 난관에 봉착했다. 그들이 바벨론에 있는 동안 고토에 잔존했던 동족들이 성전 건축을 심하게 훼방했다. 저항할 힘도 없었지만, 설상가상으로 우선 먹고살아야 했다. 성전 작업을 중단했다. 그렇게 몇 년의 세월이 흐르면서 삶은 점차 안정되어 갔다.

시쳇말로 목구멍이 포도청이요, 앉으면 눕고 싶다고 했던가. 고향에 돌아와 편안히 살아갈 집을 멋지게 완성해가며 숨돌리고 허리 펴는 순간 졸음이 온 걸까. 성전을 재건하려는 열망이 사그라들 즈음이었다. 바로 그때, 흉작이 닥쳤다. 충분히 예측되는 수확량이 원인 모르게 훨씬 미달 하였다. 한재가 발생하고 깜부기가 만연하고 우박이 쏟아져서 농사를 망쳤다.

그 난국에 백성을 깨울 예언자를 부르셔서 각성을 촉구하신 책이 학개서다. 메시지는 중단된 성전 건축을 어서 재개하라는 요지였다. 얼핏 보면 그 당시 성전 재건 독려가, 현대의 교회 건축과 맥이 통하는 것처럼 보이지만, 전혀 아니다.

"금도 내 것이요 은도 내 것"이라는 말씀이나, 성전 건축을 게을리하는 동안 그들의 소출이 나빴던 것을 지적하는 부분, 그리고 분발하여 성전을 재건하고 난 후의 영광이 그 전보다 찬란할 것이라는 문맥이 있다. 마치 성전 건축이 인간의 복을 부르는 주술적 수단처럼 오해할 수 있다. 독자들이 가장 주의할 부분이다.

그것은 당시 수십 년 동안 방치되었던 성소 회복에 심드렁해진 그들에게 인간의 물질적 관심 이전에 진정한 예배 회복을 위한 하나님과 만남의 장을 어서 속히 마련하라는 영적 촉구였다. 하나님께서 그들에게 원하신 것은, 멋들어진 건물이 아니라 하나님과의 관계 회복이었다.

내가 얼마나 틀렸던가. 그럴듯한 교회당을 갖고 싶은 저급한 욕망에 '은도 내 것이요 금도 내 것'이니 건축 헌금을 하라는 식으로 호도하는가 하면, 교회 건축을 잘하면 이제까지 누린 영광보다 그 후의 영광이 더 클 것이라는 억지로 건축 헌금을 유도했으니 부끄럽기 그지없다. 그 결과물로 건물은 생겼으나 하나님과의 관계는 멀어졌으니 거룩해야 할 공동체에서 그런 뼈아픈 역사가 생기기까지 했을 것이다.

그때 물질적 부담감 속에서도 건축 헌금을 강요받고 이탈 교인에게 상처까지 받았던 지금의 성도들에게 그저 미안하고 이때까지도 묵묵히 나와 함께하고 있음에 감사할 뿐이다. 무엇보다도 이런 나를 인내하시고 이 시간까지 기다려주신 나의 사랑하는 하나님께 회개하고 있다.

"하나님, 죄송합니다. 제가 잘못 보았습니다. 학개서가 외치는 말씀의 본뜻을 잘 못 전했습니다. 이제부터라도 진정한 영적 회복과 하나님과의 관계를 위한 성소를 만들어 가겠습니다"라고.

하나님은 성소를 온전히 회복한 그들에게 적들을 물리치고 진정한 하나님의 나라를 회복할 것이라는 소망의 메시지를 선포하셨다. 그 말씀은 이 시대를 사는 모든 성도에게 어떤 상황에도 굴함 없이 하나님과 만남의 장을 갖기 원하라는 촉구이기도 하다. 그 말씀을 다시 미소를 머금고 내밀히 음미해 본다.

"내가 이곳에 평강을 주리라"

"오늘부터는 너희에게 복을 주리라"

성료 聖了

사람마다 교회를 생각하는 관념이 제각각이다. 누구는 건물을 떠올리기도 하고 어떤 이는 공동체를 생각한다. 나는 교회를 예수님의 정신을 살리는 곳이라고 본다. 그것을 살리는 것이 교회의 최종 목적요 이상理想이라고 믿는다.

"포도원교회는 하나님의 목적인 영혼을 구원하여 예배 선교 교육 봉사 친교를 예수님 오실 때까지 전심전력하는 교회가 된다"

이건 내가 목회하는 포도원교회의 '사명 선언문'이다. 땅 위에 존재하는 모든 교회는 예수님이 이 세상에 육체로 계실 때 인간 구원을 위해 하신 일들을 계승하여 재림하실 때까지 최선을 다할 사명이 있다. 이것이 바로 내가 생각하는 교회의 이상향이다. 이러한 나의 목회 철학을 꾸준히 강조하여왔다. 수시로 설교 시간에 언급하고, 주보 표지에 붙박이 문장으로 적어놓고, 기회 있을 때마다 말해 왔다.

교회를 개척하고 성도 수가 열 몇 명쯤 되었을 때 가장 열심히 추진했던 일이 전국에 모범적이라고 소문난 교회들을 탐방하는 일이었다. 일테면, 부산의 어린이가 수천 명이 몰려든 교회, 태백 탄광촌의 지역민을 모범적으로 섬기는 교회. 또는 전주의 선교적 마인드로 똘똘 뭉친 교회였다. 나는 그런 교회들을 교계 신문과 잡지 들을 통해 접하고 성도들과 함께 기차와 버스를 타고 다니며 견학했다. 교회의 건강한 모습을 실제로 보여주고 싶었다.

그런데 아직 까마득하다. 평생 그 가치관과 철학을 한곳에서 삼십 년을 넘게 외치며 살았다면 어느 정도 비슷하기라도 해야 하는데 부끄럽지만, 아니다. 교회의 완성, 거룩한 마침, 성료聖了는 과연 무엇으로 어떻게 될 것인가.

구약 목록 거의 말미에 자리한 스가랴서는 그런 질문과 고민에 명확한 답을 주고 있다. 스가랴서는 그 바로 앞에 자리한 학개서와 비슷한 시대에 기록되었다. 페르시아로부터 해방되어 정착한 이스라엘 백성은 즉각, 성전 건축부터 서둘렀다가 낭패를 겪자 금방 손을 놓았다, 확실한 영적 각성 없이 건축에 착수했다가 쉽사리 주저앉은 백성에게 건축물을 완공하라고 촉구한 예언자가 학개였다. 학개와 동시대에 살면서 그를 바로 이어 예언했던 스라랴는 완공된 교회의 내면, 즉 교회 공동체의 이상향이 무엇이며 어떻게 성료 되는가를 다양한 각도와 시그널로 외쳤다.

스가랴를 펼치면 SF영화를 보는 듯하다. 붉은 말과 백마 탄 사람들에 대하여 천사가 스가랴에게 해석하고, 여러 뿔이 나타나서 땅에 두루 다니며 어지럽게 한다. 당시의 영적 지도자 여호수아와 정치 지도자 스룹바벨이 천사에게 위로를 받는다. 성전에 상시로 켜두는 순금 기름 등잔대와 올리브나무, 붉은 말수레, 검은 말수레, 흰 말수레, 얼룩말 수레가 출몰하는 장면을 통하여 천사는 스가랴에게 성전의 진정한 의미를 일러준다.

환상으로 가득한 전반부에 이어 후반부에는 여호와께서 스가랴에게 직접 말씀하신다. '만군의 여호와께서 내게 말씀하시되'라는 표현이 다른 예언서보다 유별나게 많이 등장하는 것이 특이하다. 그가 받은 예언의 중엄함을 독자들에게 각인시키려는 의도처럼 보인다.

하나님이 그에게 직접 하신 말씀의 요지는 이것이다. 포로 생활에서 귀환한 그들이 완공한 성전은 그들의 약한 경제력으로 인하여 비록 솔로몬의 성전에 비하면 초라하기 그지없지만 중요한 것은, 성전을 통해 추구하려는 목적이라는 점이다. 즉 성전의 외모가 아닌 내면이 중요하다는 메시지다. 꼭 오늘 우리 사회의 교회를 향한 말씀처럼 들린다. 내가 평생 목회한 교회의 "사명선언문"은 정확한 것이지만 그 안에서 이루어지는 교회의 일들은 빈약하기 그지없으니까. 외모도 초라하지만, 내면도 결코 아름답다고 할 수 없기에 그저 주님 앞에 죄송할 따름이다.

허나, 하나님은 외모가 초라한 성전 건축물을 나무라지 않았다. SF급 환상을 통해서는 교회의 성료에 대한 하나님의 강한 의지를 보여주셨고 만군의 여호와이신 당신의 육성을 들려주심은 성취의 확실성을 더욱 선명하게 하려는 의도였을 것이다. 하나님은 스가랴에게 이렇게 말씀하셨다.

"힘으로도 되지 아니하며 능으로도 되지 아니하고 오직 나의 영으로 되느니라"

성전의 최종 지향점은 오직 하나님의 영으로만 완성된다. 인간의 교묘한 능력이나 물리적인 힘으로 되지 않는다. 곧 하나님의 힘이 완성하신다.

"시온의 딸아 크게 기뻐할지어다 예루살렘의 딸아 즐거이 부를지어다 보라 네 왕이 네게 임하시나니 그는 공의로우시며 구원을 베푸시며 겸손하여서 나귀를 타시나니 나귀의 작은 것 곧 나귀 새끼니라"

예수님을 떠오르게 하는 예언이다. 대속자로서, 십자가를 지기 위하여 예루살렘으로 가실 때 어린 나귀를 타신 평화의 왕으로 들어가셨던 예수님이 비로소 하나님이 원하시는 성전을 완벽하게 이루실 것이라는 예언이었다. 인간은 최선을 다할 뿐이다. 완성은 대속적 메시야의 오심으로 한다.

목회 초년 시절 나는 교회의 완벽한 성공을 꿈꾸었다. 오만이었다. 그래도 스가랴 예언자를 통해 주시는 만군의 하나님이 직접 하시는 성전 완료의 예언은 낙심하지 말라는 위로처럼 들린다. 교회의 "사명선언문"이 실현되지 않은 채로 나의 목회 사역이 저물어 가지만, 교회의 완성은 나귀 타고 예루살렘에 가셨던 예수님이 재림 나팔 소리와 함께 다시 오실 때까지 이루어져 갈 것이니까.

경외

구약의 끄트머리에 있는 말라기를 떠올리면 십일조와 어머니가 생생하다. 시골 교회 담임 전도사 사모님이신 어머니가 우리 형제들에게 십일조를 가르치며 하시던 말씀엔 으레껏 말라기가 등장했다.

"너희들 보라, 하나님이 십일조를 얼마나 강조했는지 말라기 3장 10절에 이렇게 분명하게 말씀 했시야, 만군의 여호와가 니르노라 너희의 온전한 십일조를 창고에 들여 나의 집에 양식이 있게 하고 그것으로 나를 시험하야 내가 하늘 문을 열고 너희에게 복을 쌓을 곳이 없도록 붓디 아니하나 보라"

어머니는 눈을 지그시 감고 그 성경 구절을 한 글자도 틀리지 않고 특유의 오리지날 평양 사투리로 줄줄 외우셨다. 어머니의 그 교육은 우리 어린 형제들에게 아무 저항감 없이 받아들여졌다. 그래서 간간이 생기는 적은 금액의 코 묻은 십일조를 드렸다. 어쩌면 그런 기억 조각들이 모여져 나를 목사로 평생 살게 했는지 모른다.

솔직히 부담감이 전혀 없는 것은 아니었다. 어느 날, 한 성도가 말했다.

"목사님, 제 직장 친구를 전도하려고 말을 걸었더니 그 친구가 교회 다니면 십일조 해야 되는 거 아니냐고 선을 긋더라구요"

할 말이 없었다. 비기독교인들도 교회를 다니면 십일조를 해야 한다는 건 알기 때문이다. 왜 하나님은 이런 난제로 부담을 안겨주셨을까. 그러나 보면 볼수록 말라기는 십일조 많이 하라는 메시지가 아니다. 하나님 공경, 하나님 경외, 두려움을 느낄 정도로 사랑하라는 말씀이다.

그 시대 바벨론 포로에서 돌아온 사람들은 학개와 스가랴 예언자의 독려와 가르침을 받아가며 성전을 건축하느라고 몹시 힘이 들었다. 그러다가 허리 펴고 좀 편안하게 살게 되는 순간부터 예배가 귀찮아졌다. 율법적으로, 제물은 가장 깨끗하고 튼실한 짐승을 드려야 했지만 아까웠다. 병들어서 어차피 죽을 놈, 고름이 질질 나는 놈을 잡았다. 율법을 잘 아는 사람들이었지만 하나님이 보이지 않았다. 하나님이 눈에 안 보이니 "율법이고 뭐고 그냥 대충 이렇게 하자" 는 생각이 들었다. 그들에게 없는 건 돈과 시간이 아니라 경외심이었다. 하나님은 이렇게 야단치셨다.

"너희가 더러운 떡을 나의 제단에 드리고도 말하기를 우리가 어떻게 주를 더럽게 하였나이까 하는도다. 이는 너희가 여호와의 식탁은 경멸히 여길 것이라 말하기 때문이라. 만군의 여호와가 이르노라 너희가 눈먼 희생제물을 바치는 것이 어찌 악하지 아니하며 저는 것, 병든 것을 드리는 것이 어찌 악하지 아니하냐 이제 그것을 너희 총독에게 드려 보라 그가 너를 기뻐하겠으며 너를 받아 주겠느냐?"

우리가 설날에 어른께 세배를 드린다고 할 때, 옷을 대충 입고 몸짓을 조아리지 않은 채 드린다면, 그리고 어른께 드리는 용돈을 구겨지거나 때가 묻은 지폐로 드린다면 그게 할 일인가. 하나님은 그 당시 소위 제사 '드리러' 오는 사람들에게 그런 불쾌감을 넘어 모욕감을 느끼셨다. 당신의 부정적 감정을 여과 없이 토로하신다.

"보라 내가 너희의 자손을 꾸짖을 것이요 똥 곧 너희 절기의 희생의 똥을 너희 얼굴에 바를 것이라 너희가 그것과 함께 제하여 버림을 당하리라"

나를 처음 보는 누군가가 통성명을 하자마자 내가 목사라는 걸 알고, 전 아무개 목사와 같은 교단이냐 묻는다. 그러면서 전 아무개가 광화문에서 숱한 사람을 모아놓고 떠들어대는 정치 선동 구호를 되뇌어 흉내 내는가 하면 하나님을 불경스럽게 언급했던 언사를 말하며 그가 정말 목사냐는 것이다. 그런 질문을 받았다는 자체가 몹시 불쾌하고 창피했다. 아니라고. 그 사람 목사 아니라고, 전 아무개 같은 사람을 종교 기득권자, 이단아, 목사 사칭한 종교사기꾼, 종교를 표방하여 권력에 야욕을 품고 돈만 밝히는 가룟 유다라고 격앙되어 말했다. 전 아무개 이름 앞에만 대면 거룩한 하나님 이름이 욕되든가. 그 사람 얘기만 나오면 예수님이 버림받는 것 같기에 그렇다.

하기사, 하나님의 이름을 욕되게 하는 사람이 어디 그치뿐이랴. 불경스럽게 입을 놀려 하나님 이름에 누를 끼치고, 정해진 예배 시간마다 헐레벌떡 나오는 지각 대장. 노린내가 날 정도로 헌금에 인색한 사람, 시간이 되면 예배에 출석하고 아니면 편한 대로 행동하는 소위 '성도'라 일컫는 사람들을 보면 하나님이 인격적으로 안쓰럽다. 오죽하면 십일조를 잘 드리면 "쌓을 곳이 없도록 붓지 아니하나 시험하여 보라"고 하셨을까. 십일조는 산술적 계산법이라기보다, 하나님 경외의 예표이다. 가장 높으신 여호와께서 인간이 드리는 제물에 얼마나 모욕스러웠으면 그런 불쾌감을 토로하셨을까. 하물며 인간이 드리는 경외가 얼마나 그리웠으면 이렇게 제안하셨을까.

"내 이름을 경외하는 너희에게는 공의로운 해가 떠올라서 치료하는 광선을 비추리니 너희가 나가서 외양간에서 나온 송아지 같이 뛰리라"

복을 달라고, 건강을 주십사고 기도하기 전, 제대로 예배드리기에 아직도 미흡한 나 자신이 그저 죄송할 따름이다.

수필로 만나는 당신

책 덮어도
명징한 지혜가
저벅저벅

역사의 갈피마다
예언된 현존

굵직한 활자로 다가온
당신은
숨소리조차 아깝다

수필로
만나는 성경

신약

왕복王福

지고지순하신 나의 왕이여,

먼지만큼도 안 될 작고 미세한 제가 감히 왕이신 당신을 언설言說 할 수 있음이 그저 황송할 뿐입니다. 마태복음을 펼치자마자 어리둥절했지만, 곧 알았습니다. 당신이 인간이라면 당신의 계보는 마땅히 민족의 조상 아브라함과 최고 최선의 왕 다윗의 계보에 있어야 제격인 당신의 높으심을요. 그러나 아브라함과 다윗의 격조에 당신이 어울린다기보다, 당신 때문에 그들의 격이 올라간 것 아니겠습니까?

하나님 아들인 당신이 이 세상에 육체로 탄생하시는 순간도 보세요. 세상 어느 왕족에 신의 계시를 받고 여인 홀로 잉태하여 왕자를 해산한 일이 있습니까? 각 나라와 민족마다 그들의 영웅이나 호걸의 탄생에 기이한 전설이 등장하지만, 당신 탄생의 순간처럼 먼 나라의 현자賢者들이 별을 보고 찾아와 예물을 드린 일이라던가, 핏덩이 아기가 두려워 세속의 왕이 군대를 풀어 제거하려 했다는 얘기는 없으니 당신은 세상 누구라도 두려워할 지존이시군요. 맞습니다. 그건 당신만의 격조입니다.

근데 어찌, 목수의 아들이 되셨습니까? 겸손하기도 하셔라. 인간 세상에 오셨기에 인간의 길을 그대로 이어 세례를 받고, 간교한 마귀 시험도 받지만, 곧 물리치며, 제자를 거느린 당신의 언어를 누가 제대로 알아들었을까요? 땅에 발을 딛고 외치는 하늘 언어는 가고 오는 모든 세대가 들어도 깨닫기 힘들지만, 낫 놓고 기역 자도 모르는 자도 고개를 끄덕여 하늘에 놓인 길을 찾게 하는 당신. 그저 신비롭기만 합니다.

마태복음이 일러주는 당신은 그냥 하늘에서 뚝 떨어진 존재가 아니더군요. 당신보다 칠백여 년 앞선 예언자 이사야가 죄지은 백성을 야단치면서도 당신의 처녀 잉태로 오심을 예언했으며 예언자 미가는 당신이 탄생하실 장소가 베들레헴이라는 것 그리고 호세아와 예레미야는 당신이 아기 시절 포악한 헤롯 왕의 살기殺氣를 피하여 애굽으로 피신할 것도 예언했더군요.

저는 알았습니다. 이사야 예언대로, "당신의 백성을 죄에서 구원하실 자" 예수가 되셨다는 것도 말입니다. 그래서 저는 기록자 마태가 이런 방법으로 당신의 크고 놀라우신 절대 왕이심을 강조함도 알아챘습니다. 본래 유대인이란 사람들은 전통과 권위를 존숭하는 민족이기에 특히 그 점을 강조하여 그들이 그리스도 예수께 조금이라도 편하게 마음을 열도록 배려함도 알았습니다. 그런데 어찌 당신은 왕궁에 계시지 않았습니까. 겨우 갈릴리 나사렛 호숫가의 촌구석에 사시었습니까. 이 점은 혹시 권위를 좋아하는 유대인들의 마음을 사는 데 방해가 되지 않았을까요.

어찌하여 온 세상 사람들이 귀를 기울여 듣고 메모하여 가슴에 새겨도 모자랄 하늘의 성언聖言들을 허공에 날리셨습니까. 마태가 받아 적어 복음서로 남기지 않았다면 어찌하시려고요. 그걸 염려치 않으심도 역시 왕이신 당신의 예지叡智였나 봅니다.

이 땅에 발을 붙이며 사는 인간이 천국 시민으로 사는 복이라든가, 세상의 소금과 빛으로 살아야 할 의무, 그리고 이웃은 물론 원수까지 사랑하라는 명령, 물질 없이 살 수 없는 우리가 어떻게 염려 없이 하늘에 보화를 쌓으며 살 수 있는가를 가르치심은 당신이 하늘과 땅의 왕이 아니시면 할 수 없는 명이겠지요. 로마의 수탈을 견디지 못하고 귀신이 들려버린 자들을 왕의 권세로 온전케 하고, 온갖 육체적 고통의 고름을 닦아주며, 종교인들과 정치인들의 시기와 반목을 하늘 왕권으로 꾸짖고, 참됨을 가르치신 왕이여. 당신은 진정한 천국의 주인으로 천국의 기쁨을 전해주신 전령사였습니다. 갈릴리의 가난한 영혼들은 당신의 소문을 이리저리 퍼뜨리며 얼마나 신났을까요?

지고지순하신 나의 왕이여, 끝내 당신은 예루살렘으로 가시더이다. 성문 밖의 마을 언저리에서 당신은 포도원 주인의 비유를 말씀하셨지요. 인력 시장에서 진종일 부름 받지 못했던 일꾼을 저물녘의 시간에 불러주더니 이른 아침에 온 품꾼과 똑같은 임금을 주는 너그러운 주인의 이야기를 읽을 때면 꼭 너 얘긴가 싶어 그저 넙죽 절이라도 바치고 싶습니다. 그런데 이게 웬일입니까. 예루살렘에 왕인듯싶게 위풍당당한 모습으로 들어가신 당신, 반대자들과 입술이 부르트는가 싶게 논쟁을 하고 신묘한 가르침을 설파하시더니 로마 정부가 내린 십자가 처형을 당하시다니요. 그것도 제사를 집전하는 종교인과 경전을 다루는 학자들. 그리고 로마 정부의 파견군이 합세한 모함으로 말입니다. 더욱 한심한 노릇은 당신의 제자 중 하나인 자가 당신의 몸값을 받고 그들에게 팔았다니. 그러나 왕이여, 나의 사랑 예수, 우리 왕이여.

십자가의 죽음을 비웃기라도 하듯 당신은 무덤을 박차고 어엿이 살아나셔서 당신이 사랑하시는 제자들과 여인들, 그리고 뭇 사람들에게 일일이 승리자의 모습, 영생의 주인공, 온 우주 만물의 왕으로 등극하신 모습을 보여주셨습니다. 그것은 당신 개인의 영광이 아님을 제가 압니다. 당당히 온 우주의 왕으로 나에게 영원한 왕의 복을 주시려는 신호탄이었음을. 그것은 내가 누릴 영생의 왕복王福임을 제가 믿고 압니다.

당신은 당신의 나라에 오르시면서 남겨진 제자들에게 말씀하셨지요.

"하늘과 땅의 모든 권세를 내게 주셨으니 그러므로 너희는 가서 모든 민족을 제자로 삼아 아버지와 아들과 성령의 이름으로 세례를 베풀고 내가 너희에게 분부한 모든 것을 가르쳐 지키게 하라. 볼지어다 내가 세상 끝날까지 너희와 항상 함께 있으리라"

이 명령을 들은 제자들이 육신의 숨을 거둔지 이천여 년, 지금은 제가 왕이신 당신의 신하가 되어 듣고 있습니다. 이 얼마나 황공 무지한 말씀일런지요.

현대의 먼지보다 작은 당신의 신하 아룀

41. 마가복음

바보

사지 멀쩡하고 이목구비가 선명한 사내
회사 사장님이나 대학 총장일지도 모를 중후한 멋을 지니고
최고급 세단에 비서를 거느린 그가
작은 계집아이에게 헤벌쭉한 걸 보고 우리는 그를
딸바보라 부르지요

예수님, 당신은 바보입니다.
마가복음 필자가 보여주는 당신, 영락없는 바보입니다.

화려한 족보도 신비한 탄생 배경도 휘황찬란한 묘사도 없이
다짜고짜 세례받고 시험 이기고 천국을 전파하는 당신, 그래선가요
제가 공부했던 신학교에서 교수들은 마가복음에서 보는 당신을
종이라, 머슴이라, 일꾼이라, 심지어
평생 일만 실컷 하다가 죽어서도 고기를 먹여주는 소라 합디다.
고상한 호칭 하나 없이
죄인 구하기 위해 목숨 바쳐 섬기러 오신 당신을 마가가 그렇게 전했다나요.
하기사
당신의 삶과 교훈을 기록한 네 권의 복음서 가운데 가장 먼저 기록했다는
마가복음의 필자는 모두 열여섯 개의 장章을 쓰면서

주제의 심각한 불균형을 보였더군요.
전체 분량의 절반을
오로지 당신 수난과 죽음에 관련한 이야기로 초점을 맞추었으니까요.
그나마 앞부분에서 보게 되는 당신도
병 고치고 논쟁하고 가르치고 귀신 쫓아주고 기적 일으키며 전도하니
내가 보기에도 당신은
세상의 모지리들을 위하여 팔 걷어붙이고 일하러
작정하고 저 하늘을 버리시고 이 땅에 오셨음이 분명하게 느껴집니다.
그들을 위해 고귀한 목숨을 주시려는 속뜻을 생각하려니
〈죄인 바보〉라는 별칭을 나 홀로 가만히 붙이고 싶었습니다.
제가 신학교 입시 준비하던 시절,
해마다 출제된다는 예상 암기문제에 이런 마가복음 구절이 있었습니다.
"인자가 온 것은 섬김을 받으려 함이 아니라 도리어 섬기려 하고
자기 목숨을 많은 사람의 대속물로 주려 함이니라"
이 구절은 마태복음에도 등장하지만. 마가복음은 전체의 요절로 삼을 만큼
이 한 문장으로 당신의 삶 전체를 극명하게 나타냈더군요.
문장은 암기하기가 쉬웠을 뿐, 목회자로 뿐 아니라 한 신앙인으로
흉내조차 내지 못한 구절이었습니다.
가고 오는 모든 인류 가운데 누가 과연 구현했을까요.
오로지 당신 하나뿐이 아니겠습니까.
김병종이라는 화가가 그림으로 보여주는 당신의 얼굴이 딱 그렇더군요.
우는 듯, 웃는 듯, 우수에 젖은 듯 허여스름한 수묵담채화로
당신을 그려놓고
〈바보 예수〉라고 제목을 붙였더군요.
그 얼굴에 담긴 하늘과 평화를 저는 보았습니다.
당신을 사랑하고 닮고 싶지만 그렇지 못한 바보들도

마가복음에서 보여주는 당신 덕분에
보고 느끼고 소유할 수 있는 세상을요.
최근 우리 사회에 큰 울림을 준 한의사 한 분이 계십니다.
자신의 전문성을 살려 돈을 벌었고
돈이 부족한 학생들에게 장학금으로 미래를 열어주되
정작 자신의 삶은 그저 수수했던 그분을
이 사회는 어른이라 부르더군요
당신의 천만분의 일만 닮아도 그리 불리거늘
바보스레 일만 하다가 어른은커녕,
죄인이라 불리며 십자가 형틀에 맥없이 죽으신
마가복음 속의 당신 그러나,
무덤을 이기시고 하늘에 오르시어 하나님 오른편에 앉으신 당신입니다.
그렇다면 당신 덕분에 구원받은 세상 구석구석의 모두가
당신께 헤벌쭉해지는 〈예수 바보〉가 되어야 당연하지 않습니까?
마가복음을 덮으며 안타까워지는 이유가 여기 있습니다.
다른 사람들은 차치하고서라도
그 당연한 대접을 평생 제대로 못 해 드리고
이제는 강대상에서 내려와야 하는 제가 말입니다.
어찌하여 당신은
이런자 까지 위하여 대속代贖 제물이 되셨습니까?

〈예수 바보〉가 되지 못한 슬픈 바보가

인자

누가(Luke) 선생, 선생이 내게 보낸 편지서 예수의 호칭이 인자人子, 사람의 아들이라고 한 경우가 자주 보입니다만 좀 이상합니다. 그가 잉태되던 순간 천사가 나타나서 그의 어머니에게 남성의 개입 없이 성령의 능력으로 잉태할 것을 고지告知했고, 그가 탄생하던 날 밤, 천사가 베들레헴의 어느 지역에서 양을 지키던 목부들에게 나타나 그 사실을 알려주었다면서요. 그리고 탄생 순간에 마구간으로 추측되는 산실産室 위의 허공에서는 천사들이

"지극히 높은 곳에서는 하나님께 영광이요
땅에서는 하나님이 기뻐하신 사람들 중에 평화로다"

이렇게 노래했다면서요? 그렇다면, 어찌 그가 사람의 아들입니까?

그런데 당신의 글을 보면 볼수록 그는 사람이더군요. 언어의 유희를 쓰자면 그는 '인자仁慈한 인자人子'라고나 할까요? 당신이나 나나 유대인이 아니잖습니까. 본시 유대인들은 외국인들을 부정한 사람으로 보는데, 유대 혈통의 그가 전혀 그렇지 않았다는 말씀입니다.

당신이 기록한 예수의 족보에 유대인의 조상이라 말하는 아브라함 그 이상으로 올라가 아담까지 이르는 걸 보면서 예수의 관심이 아브라함의 후손인 유대인으로 국한됨이 아니라 하나님이 창조하신 지구상의 모든 인간이라는 점을 저는 알았습니다.

아무튼, 비유대인인 당신이 한 번도 만나보지 못한 유대인 예수를 같은 비유대인인 나에게 그토록 간절하게 전하고 있다는 사실 자체가 그는 인간이면서도 신이기 때문이라는 확신이 든다는 말씀이올시다.

인자무적忍者無敵이라는 말이 있듯, 그는 자신을 비아냥대는 유대의 전통주의자나 그의 깊은 속을 모르는 철부지들의 가벼운 비난들을 참아내는 데는 타의 추종을 불허하더군요. 그의 인자忍者스러움이 그에게 닥친 인간적인 모진 고뇌는 물론 그의 억울하기 이를 데 없는 십자가 죽음까지도 그에게는 적敵이 아니라 온 인류를 구원하는 하나의 도구에 불과하게 만들었으니 말입니다.

누가(Luke) 선생,

예수를 소개하는 당신의 글에는 왜 그렇게 여자와 사회의 비주류 인생들 얘기가 많죠? 과부, 귀신 들린 여자, 예수가 살려낸 죽었던 여자애, 장애인과 이런저런 이유로 버려진 존재들을 가까이하는 게, 마치 예수는 신의 아들로서 사람의 모습으로 온 국외자局外者들의 친구나 의사인 것 같습니다. 거기서 끝나지 않습니다. 당신이 내게 전해준 예수의 비유나, 일화들을 보면, 나 같은 로마의 파견군이 읽기에 좀 흥미가 떨어질 수 있어요.

보세요. 죽지도 않은 아버지에게 미리 상속분을 달래서 탕진한 아들이 거지꼴로 온 걸 두 팔 벌려 환대한 아버지의 얘기가 하나님을 비유한 거라지요? 또, 실제로 삭개오라는 사람, 그는 우리 로마의 하수인으로 일하는 세금징수원인데, 유대인이 볼 때, 얼마나 밉겠습니까? 근데 그따위 인간과 밥을 먹고, 뉘우치는 그에게 자신은 그런 사람을 위하여 세상에 왔다고 하니, 그게 사실이라면 그는 분명 하나님의 아들이되 '인자'仁者라는 별칭이 가장 어울리지 않겠습니까?

그러나 누가 선생, 선생의 글을 읽을수록 그는 결코 천민들만을 찾아온 게 아니라는 것도 알았습니다. 당신은 내게 그의 겸비謙卑와 인애를 강조했을 뿐이지만, 보세요, 그가 십자가에서 완전히 숨을 거두자 그를 처형한 일에 직접 가담한 로마의 파병 장교 하나가 그의 선혈이 낭자하게 묻어있는 시신을 바라보며 이렇게 외쳤다면서요.

"이 사람은 정녕 의인이었도다"

게다가 그를 존경했던 공회 의원이 감동하여 그의 시체를 자기 묘실에 안장했다면 그가 원했던 구원의 대상은 천민이고 귀인이고 구별 없었던 거죠. 그게 아니라면, 당신이 '각하'라고 호칭하는 소위 귀족에 속하는 나에게 왜 이토록 간곡하게 전해야 하는 거죠?

그런 의미에서 나는 당신은 물론 당신이 전하려는 예수, 그 하나님의 아들에게 누가복음의 수신 당사자로서 가장 크게 느끼는 감사가 있습니다. 그는 십자가의 죽으심을 통해 나 같은 오만하고 권위주의에 사로잡힌 로마의 군인 하나까지도 온 우주 만물의 인자因子이신 하나님께로 이끌어주시는 인자引子가 되심이 믿어졌기 때문입니다. 그가 비유로 말했던 착한 사마리아 사람처럼, 삶의 길에서 고통의 강도를 만나 죽을 것 같은 나에게 다가와 살려주고 앞길도 책임져주실 분이 아니겠습니까.

누가 선생, 당신이 내게 전하고 싶었던 말이 예수 그리스도, 그는 이방인, 장애인, 여성, 낭인浪人, 귀신들린 자와 같이 따돌림받는 사람들은 물론이지만, 귀인들도 역차별하지 않고 모두를 구원하러 오신 메시아라는 사실을 믿으라는 것 아닙니까. 당신 직업이 사람의 피고름을 빼고 환부를 어루만지는 의사라고 하지만, 내게 있는 오만傲慢이라는 영적 질환의 역한 냄새를 맡으면서 길고도 친절한 어조로 예수를 전해주셨습니다. 이제 한 가지 진지한 질문을 드리겠습니다. 나도 당신처럼 그분의 첨병이 될 수 있을까요? 로마의 장교에서 그분의 졸병으로 옷을 갈아입기 원한다면 받아 주실 것 같습니까? 예수께서 과연 저 같은 인간이 내미는 손도 잡아주실까요?

예수께 구원받은 이방인 데오빌로 드림

영복 永福

예수님, 안녕하세요? 저는 어려운 말은 할 줄 모르는 초등학생입니다. 요한복음 3장 16절에 "하나님이 세상을 이처럼 사랑하사 독생자를 주셨으니 이는 그를 믿는 자마다 멸망하지 않고 영생을 얻게 하려 하심이라"라는 말씀이 있잖아요. 이 말씀은 우리 교회 목사님이 성경 전체의 요절이라고 할 만큼 중요하다고 하셨는데, 그 말씀에 곡을 붙인 노래이기 때문일 거예요.

예수님, 요한복음 첫 단어가 '태초'인데요, 온 세상에 아무것도 없을 때지요? 참으로 상상하기 어려워요. 너무나 아득히 먼 그때, 예수님은 하나님이랑 말씀으로 함께 계셨다가 천지를 창조하신 후 한참 있다가 빛으로 이 세상에 오셨다는데, 저는 들을수록 어려워요.

예수님이 맹물로 포도주를 만드신 이야기가 있는데. 그건 예수님은 무엇이든지 척척 하실 수 있는 분이라는 뜻이지요? 그리고 니고데모라는 사람에게 사람이 다시 태어나야 한다고 가르쳐주시니까, 그 사람이 어리둥절했잖아요. 그래서 하나님이 외아들인 예수님을 보내주셔서 누구든지 예수님을 믿으면 영원히 살게 하신다고 저 같은 애들도 알아듣기 쉽게 가르쳐 주신 거죠? 전 다 알아요.

그런데 예수님, 사마리아 성에 들르셨을 때, 마음이 슬픈 아줌마의 안타까운 이야기를 들으시고 그 아줌마에게 주시는 생수를 마시면 영원히 목이 마르지 않을 것이라고 하셨는데, 저도 그런 물이 어딨을까 궁금해요. 예수님, 그런 물은 우리가 마시는 물이 아니죠? 천국에서 마시는 생명수, 마시면 사람이 늙지도, 병들지도, 죽지도 않는 그런 건가요? 그래서 그걸 깨달은 아줌마는 다른 사람에게 가서 마악, 전도한 거죠?

드 예수님이 보리 떡 다섯 개랑 생선 조각 두 개로 오천 명이나 되는 사람들을 배불리 먹게 하는 기적을 일으키셨잖아요. 그 얘기는 정말 들어도, 들어도, 신기해요. 예수님을 믿는 사람들은 먹는 것에 걱정하지 말라고 가르치신 건 아닐까요? 그 기적을 일으키시고는 예수님이 "나는 생명의 떡이야"라고 말씀하셨어요. 그걸 어떻게 믿어요? 우리가 예수님을 잡아먹어요? 식인종이 아닌데요? 아무튼, 잘 모르겠지만 어느 날, 목사님이 성찬식을 하시면서 그러셨어요. 그 말씀의 뜻은 예수님이 우리를 위하여 십자가에 살이 찢겨지고 피를 흘려 죽으셔서 우리를 영원히 살게 하신 것을 그렇게 말씀하신 것이라고요. 예수님이 너무 불쌍하고 슬퍼요. 그래서 저는 어른이 되어도 그걸 생각하면서 예수님 곁을 떠나지 않고 살 거예요.

그런데 예수님, 우리가 〈실로암〉이라는 복음성가를 열심히 불렀던 적이 있거요. 알고 보니, 요한복음에 나오는 이야기더라고요. 시각 장애인에게 눈을 뜨게 하신 실로암 연못이 우리 동네에 있다면 얼마나 좋을까요? 그런데 선생님이요, 우리 영혼의 눈을 뜨려면, 언제나 예수님 앞에 있어야 한다는 뜻이래요. 맞죠?

예수님, 저는 강원도 양떼 목장에 가 보았어요. 신기하게도 양들을 돌보는 언니들 목소리에만 양이 대답하고 내가 부를 땐 전혀 무덤덤한 걸 보았는데, 예수님도 똑같은 말씀을 하신 걸 읽고 참 재밌었어요. 우리가 양이라면, 목자이신 예수님이 부르실 때만 대답하라고 하셨죠. 도둑이나 이상한 것들이 우리를 속일 수 있다고요. 저는 악마들이나, 예수님인척하고 부르는 이단 목소리에는 안 속을래요.

그런데 예수님, 저는 요한복음 읽을 때 가장 가슴 뛰는 이야기가 있어요. 죽은 나사로를 예수님이 무덤 밖에서 "나사로야, 나오너라!" 하고 외치시는 장면이에요.

'아, 예수님은 죽은 사람도 살리시는 분이시구나, 예수님은 사람인 것 같지만 창조주 하나님도 되시는 게 틀림없구나' 그런 생각이지요. 사실이죠?

우리 교회 이름이 '포도원 교회'인데요, 목사님이 그러셨어요. 하나님은 포도원 주인 농부이시고, 예수님은 포도나무이고, 우리는 그 가지들인데, 절대로 그 안에 붙어있어야 한다고 예수님이 말씀하셨고, 정말 우리 교회 모든 성도님은 그렇게 살아야 한다는 뜻으로 포도원 교회라고 했대요.

예수님, 이제 졸음이 막 오는데 어쩌지요? 몸이 졸리는 건 어쩔 수 없지만 믿음에 졸음이 오면 어떻게 할까요? 그럴 때를 대비해 예수님은 성령님을 보내신다고 하셨지요? 우리 마음에 늘 계시는 하나님이 성령님이라면서요. 그 성령님이 나에게도 함께 계심도 저는 믿고 있어요. 저 착하죠? 헤헤^^

그런데 예수님, 이건 좀 슬픈 얘긴데요, 가룟 유다가 예수님을 팔았잖아요. 그 제자는 믿음에 졸음이 온 걸까요? 예수님이 떡을 떼어 주시고, 포도주를 나눠주시던 밤, 그 제자에게도 발을 씻어 주셨는데, 어째 그 자리를 박차고 나가서 금방 자기 선생님을 배신할 수가 있냐고요. 사람의 마음은 이렇게까지 나빠질 수 있는 거네요, 아, 예수님, 그래서 저를 지켜주세요, 믿음에 졸음이 오지 않게요.

예수님은 죄가 하나도 없이 우리를 대신하여 십자가에 돌아가셨지만 부활하셔서 우리에게 영원히 살 수 있는 복을 주셨어요. 예수님이 잡히실 때 제자들은 비겁하게 다 도망갔지만, 다시 사신 예수님은 제자들을 일일이 찾아다니시며 부활하신 몸을 직접 보여주시며 평안을 주셨고, 어느 날은 물가에서 떡이랑 고기를 직접 구워주시기도 하셨지요. 그 자리에서 영원히 사는 길을 전하라고 다시 사명을 주셨고요.

예수님, 저 자겠습니다. 졸려요. 그래도 예수님, 우리 엄마가 잠자리에 들기 전 기도하실 때, "꿈에서라도 예수님 품에 있게 해 주소서"라고 했어요. 저도 엄마처럼 기도합니다. 예수님, 오늘 밤도 꼬옥 품어주세요. 우리 엄마처럼요.

포도원교회 아동부 어린이 올림

사명

존경하는 누가(Luke) 선생님

저는 이제부터 당신을 '목사님'이라 부르고 싶습니다.

당신은 사도행전을 보내시면서

저에게 "각하" 호칭 없이 그냥, "데오빌로여" 라고 쓰셨군요.

그래서 감사합니다.

영광스럽게도 저는 그리스도 공동체의 평범한 신도, 평신도가 되었습니다.

당신은 전에 보내주신 누가복음, 그 예수에 관한 글에 이어

사도들에 관한 기록을 친절한 언어로 보내 주셨습니다.

스승이신 예수의 승천 직후,

그분이 보내주마고 약속하신 거룩하신 영, 성령을 사모하여

뜨거이 기도하던 다락방

구약 성경에서 칠칠절이라 일컫던 우리들의 오순절에,

성령께서 강하고 급한 바람 소리와 불의 혀같이 갈라지는 듯한

물리적 현상으로 임하심을

눈으로 보며, 피부로 접하고, 귀로 들으며

배운 적도 없는 외국어로 드리는 기도의 언어에

그 언어를 모국어로 사용하는 원주민들을 어리둥절케 했군요.

그로부터 시작된 그리스도 예수 공동체의 신비.

자신의 목숨 같은 부동산을 처분하여
가난한 이들을 위하여 사도들 발 앞에
예수께 부은 여인의 나아드 향유처럼 바치는 공간
누구 하나 제 것을 제 것이라 주장하는 이 없는
전무후무한 유무상통有無相通 역사의 한 귀퉁이
거기는 이 땅의 작은 천국이었군요.
예수께서 곧 다시 오시리라는 확신이 그리했으리라.
급기야 수천 백성의 모임터가 되고
자연스레 "에클레시아, 부름받은 이들의 모임"이
"교회"라는 이름으로 새역사가 시작되었군요.

존경하는 누가 목사님
유대 낡은 전통을 벗고
로마에도 헬라에도 세상 어느 곳에도 없는 영혼의 공동체가
색안경 낀 권력자들이 휘두르는 칼과 창과 누명과 교살絞殺을
차마 견디다 못해 사방천지 흩어졌지만
예수의 말씀대로 강력하게 임하신 성령이
예루살렘에서 유대로, 유대에서 사마리아로,
사마리아에서 땅끝까지 이르게 하심을 확신했습니다.
야고보를 비롯한 이름 모를 사도들의 순교 소식이 들려오고
바람처럼 어디로 갔는지 모를 사명자들이
지금 어디선가 성령에 붙들리어 피 묻은 복음을 전하고 있으리라.
스데반의 검붉은 피 흘림의 길바닥에서
그의 처절함을 당연히 여기던 유대 율법주의자
바리새파요 자칭 타칭, 죄인의 괴수 사울을 하늘에서 부르시어
예수의 전파자 바울로 사용하셨다는 당신의 기록, 사도행전은

성령의 활약상이요, 예수 승리의 행진곡이군요

누가, 존경하는 나의 목사님,
당신은 그의 수행비서가 되어 그의 그림자 되어
영광은 주님께
찬사는 바울에게
혜택은 구원받을 영혼들에 돌리며
사도들의 발걸음을 고스란히 기록하여 나, 데오빌로에게 전해주셨으니
주님께서 당신의 상을 어찌 잊으실까요.

"땅끝까지 이르러 내 증인이 되리라"는 어명의 실천궁행實踐躬行은
지금도 현재진행형이군요
안디옥에서 출발하여 소아시아의 갈라디아 지역으로
두 번째 안디옥에서 헬라의 항구도시까지
그리고 또, 다시 다음, 그 다음으로
우상의 도시들과 논쟁의 도시를 거쳐 복음의 출발지이며 적지敵地인
예루살렘으로의 복음 행로
급기야 오랏줄에 묶여 잡신의 나라, 로마에 호송되며
뱃멀미와 파선을 이겨낸 복음의 외침
매 맞고, 투옥되고, 주리며 누명 쓴 행복 여정의 그들은
성령에 사로 잡힌 작은 예수가 아니었습니까?
누가 목사님
불같은 당신의 편지를 받아 심령이 가난할 대로 가난해진 저, 데오빌로 '성도'는
어디로, 무엇을 따라 삶의 여정을 이어가야 좋겠습니까?

데오빌로 성도 드림

확신

바울 사도님, 저는 로마에 사는 한 성도입니다. 여러 가지 사정으로 유대를 떠나 이곳에 정착한 지 꽤 되었지요. 황제를 신격화한 로마 정부의 핍박 속에서도 누군가 은밀하게 우리 유대인에게 예루살렘에서 들려온 예수의 신앙을 전해주는 사람이 있었습니다. 로마인들의 눈을 피해 누군가 자신의 집을 내어주어 예수를 구주로 믿는 신앙공동체가 시작되었지요. 여기에 당신이 오시기를 간절히 소망한다고 하셨는데, 우리도 기다리고 있습니다.

당신이 우리 교회에 보내는 서신 서두에서 복음에는 하나님의 의가 나타났기 때문에 복음을 부끄러워하지 않는다고 하셨는데, 솔직히 불쾌했어요. 당신이 말하는 복음이라는 말에는 유대인의 자부심이 무시당하는 느낌이었거든요. 그건 유대 전통 교육을 받고 인격을 형성시킨 바울 당신 자신이 더 잘 아실 겁니다. 그런데 그런 소중한 가치를 깡그리 무시하고 오로지 예수를 믿음이 우리를 구원에 이르게 한다는 주장을 납득하기 힘들었습니다. 그런데 그 말씀은 주장이라기보다 질서 정연한 영적 논리를 갖추고 있더군요. 부인할 수 없는 게, 인간의 죄 문제입니다. 당신은 이렇게 말해요.

"의인은 없나니 하나도 없으며 깨닫는 자도 없고 하나님을 찾는 자도 없고 다 치우쳐 함께 무익하게 되고 선을 행하는 자는 없나니 하나도 없도다. 그들의 목구멍은 열린 무덤이요 그 혀로는 속임을 일삼으며 그 입술에는 독사의 독이 있고 그 입에는 저주와 악독이 가득하고 그 발은 피 흘리는 데 빠른지라 파멸과 고생이 그 길에 있어 평강의 길을 알지 못하였고 그들의 눈앞에 하나님을 두려워함이 없느니라"

우리 유대인들이 그토록 신성시하는 소위 율법을 보면 볼수록 우리의 이런 죄성이 보인다고요. 우리 유대인에게는 아브라함에게 주신 할례가 있지만, 그것도 하나님 은혜 앞에는 별것 아니라고요. 하나님은 아브라함이 할례를 받아서가 아니라 그가 하나님을 믿었기 때문에, 의롭다 하셨다고요. 중요한 건 전통이나 율법이 아니라 믿음이라고 당신은 말씀하십니다.

바울 사도님, 당신은 어떻게 사도使道가 되셨나요? 당신도 자신을 생각하면 부끄럽기 그지없다면서요? 당신은 이렇게 고백했어요.

"내 속사람으로는 하나님의 법을 즐거워하되 내 지체 속에서 한 다른 법이 내 마음의 법과 싸워 내 지체 속에 있는 죄의 법으로 나를 사로잡는 것을 보는도다. 오호라 나는 곤고한 사람이로다. 이 사망의 몸에서 누가 나를 건져내랴"

웬만큼 무디지 않은 사람치고, 이런 고민 없는 사람이 누굴까요? 제가 놀라는 건 당신 같은 사도가 우리와 똑같은 고민을 했다는 점입니다. 그러나 곧 이어 당신은 다음 문장을 이렇게 이었습니다.

"우리 주 예수 그리스도로 말미암아 하나님께 감사하리로다"

율법, 할례, 자기 선행, 그 무엇으로도 인간이 완전한 구원에 이를 수 없지만 이렇게 나약할 수밖에 없는 인간을 오직 그리스도 예수를 믿음이 우리를 의롭게 하신다는 말씀입니다. 우리가 여전히 죄 가운데 있을 때 이미 예수는 우리를 위한 제물이 되셨기에 지금, 우리가 할 일은 그 예수를 믿음으로 받아들이는 일이라고요. 근데 그게 어디 쉬운 일입니까? 헬라에는 시지프스의 이야기가 신화로 전해집니다. 신들의 심기를 건드린 시지프가 그 죄의 값으로 신들의 명에 따라, 무거운 돌덩어리를 굴려 산꼭대기까지 겨우 올리면 다시 돌이 미끄러지고 그 돌을 다시 산으로 올리는 일을 영원히 반복해야 하는 인간의 운명 같은 것이죠. 저는 그게 죄의 값을 영원히 해결하기 어려운 비통한 인간 운명으로 생각했어요.

죄의 형벌을 생각하면 산다는 게 지옥인데, 그걸 예수께서 잔인무도한 로마 정부에서조차 수치의 극치로 여겨, 이 경내에서는 실행하지 않는 십자가

형을 대신 받으심으로 그 시지프가 겪는 것 같은 극형의 굴레를 벗어나게 하셨다는 말씀이에요. 그래서 사실은 더욱 믿기 힘들어요. 내 죄와 형벌의 무게를 생각할 때, 어찌 그리 쉽게 자유를 얻죠? 실감하기 어려운 일입니다. 그래서 창조주이신 성부 하나님은 우리에게 성자 예수를 믿도록 감동하시는 성령을 주셨다고 하신 말씀에 용기가 생겨났습니다. 아, 놀랍습니다. 성령의 역사하심이 내 마음을 두드릴 때, 그 모든 무거움이 사라지게 하셨군요. 마음이 날아갈 듯 가볍습니다. 당신은 웅변하듯 쓰셨지요.

"이제 그리스도 예수 안에 있는 자에게는 결코 정죄함이 없나니 이는 그리스도 예수 안에 있는 생명의 성령의 법이 죄와 사망의 법에서 너를 해방하였음이라"

"너희는 다시 무서워하는 종의 영을 받지 아니하고 양자의 영을 받았으므로 우리가 아빠 아버지라고 부르짖느니라. 성령이 친히 우리의 영과 더불어 우리가 하나님의 자녀인 것을 증언하시나니"

"내가 확신하노니 사망이나 생명이나 천사들이나 권세자들이나 현재 일이나 장래 일이나 능력이나 높음이나 깊음이나 다른 어떤 피조물이라도 우리를 우리 주 그리스도 예수 안에 있는 하나님의 사랑에서 끊을 수 없으리라"

그래요, 믿겠습니다. 믿어져요. 이것이 자격 없는 자에게 그냥 주시는 은혜라는 건가요? 그래도 불안합니다. 당신이 강변하시는 대로, 우리가 믿음으로 말미암아 구원을 받았어요. 그러나 무언가 할 일이 있어야 할 것 같습니다. 우리가 할 일이 무엇인가요? 여기 이렇게 쓴 게 있군요.

"그러므로 형제들아 내가 하나님의 모든 자비하심으로 너희를 권하노니 너희 몸을 하나님이 기뻐하시는 거룩한 산 제물로 드리라 이는 너희가 드릴 영적 예배니라. 너희는 이 세대를 본받지 말고 오직 마음을 새롭게 함으로 변화를 받아 하나님의 선하시고 기뻐하시고 온전하신 뜻이 무엇인지 분별하도록 하라"

알겠습니다. 바울 사도님, 그렇게 살다가 당신을 이 로마에서 혹시 볼 수 없다 해도 당신이 목청껏 외친 천국에서, 나를 위해 십자가에 죽으신 그분을 품에 안겨 기쁨으로 뵙겠습니다.

로마 교회 익명의 유대인 성도 드림

애교 愛教

바울 사도님, 당신의 2천 년 후배 이근형 목사 인사 올립니다. 감히 얼굴 올려 보기도 어려운 새까만 후배가 이런 글을 올린다는 사실이 민망스럽고 송구스럽습니다.

제가 공부하기로, 당신이 제2차 전도 여행 시에 고린도 교회를 개척하셨고, 약 1년 반 정도를 목회하시다가, 떠나서 3차 여행을 출발하기 직전 고린도 교회의 불민한 소식을 듣고 안타까운 마음에 고린도 전서를 썼다고 배웠습니다. 제가 고린도 전서를 읽으며, 목사님은 '예수님께서 어서 재림하셨으면'하는 생각이 간절했을 것 같습니다. 목사님이 개척하신 고린도 교회에서 일어나는 일들이 제 목회현장인 포도원교회에서 똑같이 일어난다면 세상의 지탄받는 정도를 넘어서서 아예, 문을 닫아도 열 번은 더 닫아야 할 정도라고 생각되었으니까요.

교회 성도들은 너무 유치해서 서로 좋아하는 사람들 끼리끼리, 아무개 파, 아두개 파로 파당을 지었습니다. 십자가의 정신을 오해하고, 성령의 계시에 대하여서도 무지합니다. 이 정도야 좀 성숙해지면 되겠지 하겠지요.

그러나 교회 안에서 벌어지는 성적 타락을 어떻게 봐야 합니까? 그저 간단한 불륜도 심각한 죄악이건만 계모와 간통하는 자를 공동체가 알면서도 바로잡지 못하고 미적거리는 실태를 아시고 얼마나 통탄하셨습니까?

뿐입니까? 교인들끼리 다툼이 생기면, 어느 정도 하다가 푸는 게 상식이거늘 세상 법정에 나가서 소송전을 벌이는 작태를 보고 "형제가 형제와 더불어

고발할뿐더러 믿지 아니하는 자들 앞에서 하느냐. 너희가 피차 고발함으로 너희 가운데 이미 뚜렷한 허물이 있나니 차라리 불의를 당하는 것이 낫지 아니하며 차라리 속는 것이 낫지 아니하냐"라고 질책하시는 걸 보니, 정말 한심하군요. 세상이 교회를 얼마나 우습게 보겠습니까? 누가 그런 교회에 다니고 싶겠습니까. 그걸로 끝이 아니군요. 결혼 문제, 공동체 예배에서 남녀 질서의 문제, 우상 제물에 바쳐졌던 제물의 고기를 먹느냐 마느냐로 다투고, 주님의 살과 피를 기억하는 성찬을 나눌 때 참여하는 차례로 다투지만, 이 정도는 약과더군요.

방언, 예언, 신유의 능력 같은 놀라운 성령의 은사를 받은 사람들조차 자기가 받은 은사를 자랑하기에 바빠서 가장 신성시할 은사가 도리어 교회를 어지럽히는 도구가 될 지경이었다니, 듣기에도 넌더리가 납니다. 서로 제가 잘났다고 아우성치는 교회, 오죽 복잡했으면, 요즘 현대인들이 성차별이라고 분개할만한 문제의 발언, "여자는 교회에서 잠잠하라"고 까지 하셨을까요.

그러나 가장 결정적으로 당신을 힘들게 한 건 그들의 부활 신앙에 대한 부정不定이 아니었습니까? 당신이 쓰신 부활에 대한 강한 열변을 읽으면, 목사님의 입술 가생이에 침 거품이 고인 것 같이 느껴지고 논증이 가슴에 못처럼 꽉꽉 박혀왔습니다.

"보라 내가 너희에게 비밀을 말하노니 우리가 다 잠잘 것이 아니요 마지막 나팔에 순식간에 홀연히 다 변화되리니 나팔 소리가 나매 죽은 자들이 썩지 아니할 것으로 다시 살아나고 우리도 변화되리라. 이 썩을 것이 반드시 썩지 아니할 것을 입겠고 이 죽을 것이 죽지 아니함을 입으리로다. 이 썩을 것이 썩지 아니함을 입고 이 죽을 것이 죽지 아니함을 입을 때에는 사망을 삼키고 이기리라고 기록된 말씀이 이루어지리라. 사망아 너의 승리가 어디 있느냐. 사망아 네가 쏘는 것이 어디 있느냐"

이토록 강하게 죽음을 조롱하시는 부활의 변증가이신 목사님, 저의 존경하는 대 선배님. 제가 무릎을 꿇고 존경하여마지않는 또 하나의 이유가 있습니다. 당신은 교회의 골치 아픈 문제들을 하나같이 오로지 복음적 시각에서 바라보고, 복음 안에서 해결하려는 의지가 세상 무엇보다 강했기 때문입니다. 복음은 예수님 아닙니까? 예수님은 사랑 그 자체이고요. 그래서 결론적으로 당신은 그 모든 문제의 해결책을 "그런즉 믿음, 소망, 사랑, 이 세 가지는 항상 있을 것인데 그 중의 제일은 사랑이라"는 보석 같은 문장으로 그토록 문제가 많은 교회를 선배님은 오직 '하나님의 교회'라 여기고 사랑으로만 바라보셨고, 사랑으로만 해결하기 원하셨습니다. 단호하게 야단치고, 간절하게 설득하며, 진지하게 가르치되, 결코 비난이나 포기하거나 저주하지도 않고 오직 애정으로만 교회를 가르치신, 스승이요 선배이십니다. 그리고 서신 말미에 "누구든지 주를 사랑하지 아니하면 저주를 받을지어다. 우리 주여 오시옵소서"라고 쓴 부분을 다시 떠올립니다. 눈을 감고 생각했습니다. 그 힘거운 문제들을 해결하기 위해 고린도 전서를 기록하며 당신은 얼마나 아팠을까요. 당신은 예수님이 다시 오시기를 얼마나 간절히 원했을까요.

"으리 주여 오시옵소서"라는 말은 아람어 "마라나타"(Maranatha)로 기독교에서 예수 그리스도의 재림을 기다리는 간절한 소망을 표현하는 기도문으로 발전되었다고 합니다. 우리가 복음성가로 만들어 부르는 마라나타, 그 문장 하나하나가 당신께는 얼마나 절절했을까요?

꽤 오래전 성지 순례 때, 그리스의 항구도시에 있는 고린도 교회를 방문할 기회가 있었습니다. 현대식 건물로 된 교회당 현판 옆에 제1대 목사로 사도 바울 이름이 적힌 동판을 보고 울컥했습니다. 제2대 목사로 아볼로, 그 아래로 수백 명쯤은 될 사역자들의 이름들. 그리고 맨 아래에 적힌 현재의 담임 목사 이름도 보았죠. 그 문제 많았던 교회가 2천 년을 지내며 이렇게 번듯이 서 있더라는 말입니다. 교회의 주인이신 우리 주님은 오직 교회를 향한 당신의 애정을 역시 사랑하셨음을 보았습니다.

그런데 당신이 설파한 부활과 재림의 교리대로라면 당신의 육신은 2천 년을 지난 아직도 무덤에서 잠자고 계십니다. 예수님 재림도 안 했고, "마라나타"의 기원은 이루어지지 않은 채, 지금 제가 당신을 이렇게 추억합니다. 아, 오로지, 예수님을, 교회를 끔찍이도 사랑하셨던 바울 선배님, 새삼스레 저도 당신과 똑같은 마음으로, 예수님 재림 시에 함께 일어나 당신과 손잡을 수 있으리라는 소망으로 이렇게 기원하렵니다.

"마라나타".

청주 포도원 교회 담임목사 이근형 올림

확신

끊을 수 없고
끊어지지 않는
이쪽과 저쪽에서
나를 잡는 힘
그래서 오늘 이긴다

47. 고린도 후서

축도

바울 사도님, 당신은 축도의 원조입니다.

기독교 역사가 시작된 이래 예배 때마다 고린도 후서 마지막 한 줄 축원이 대대로 성도들 영혼에 위로와 평안을 주었다는 것, 영광스럽지 않으세요? 당신 가슴에 어떻게 그 축원문이 떠올랐을까요?

당신은 고린도 교회가 그리도 어여쁩니까? 고린도 교회에 쓴 첫째 서신에서 당신은 교회를 해치는 내부의 심각한 문제들을 보시고 숱한 복음적 해결책을 제시하셨습니다. 그러나 보람도 없이 성도들은 여전히 당신께 부정적 시각을 가졌던 것 같습니다.

고린도 후서를 읽어보면 우리에게까지는 전해지지 않은 다른 서신도 있었던 걸 느끼게 합니다. 그렇다면, 고린도 후서는 당신이 고린도 교회에 세 번째로 보낸, 고린도 삼서三書가 되어야 할 듯싶습니다. 아마도 그 편지가 성도들을 잠시 근심하게 했지만, 회개하고 새로운 마음도 가진 것 같습니다. 그래서 기쁨을 담아 쓴 서신이 고린도 후서라는 걸 알았습니다.

고린도 후서를 읽으면 유달리 당신 자신에 대한 언급이 많아요. 누군가가 고린도 후서는 바울의 자서전이라고 말하듯, 당신 자신의 신변 이야기나, 자신의 정체성, 사도로서 자부심을 참 많이 피력하셨습니다.

첫 장부터 당신이 큰 환란을 당한 사실을 말합니다. 그리고 자신을 비롯한 복음 전도자들을 그리스도의 향기라고 비유하지요. 또 자신이 그리스도의 사도 됨을 증명할 가장 뚜렷한 건 고린도 교회 공동체라 말합니다. 계속, 자신은 모세 율법 조문 같은 것과는 다르게, 하나님의 영광 그 자체로 위임받은 새 언약의 일꾼임을 강조했습니다.

또 질그릇같이 깨어지기 쉽고 외모도 볼품없는 자신에게도 예수의 생명이 숨 쉬고 있기에 영원을 바라보는 자로서의 소망이 든든하다고 역설합니다. 그러나 바울, 당신도 사람인데, 어찌 허탈한 감성이 없겠습니까.

"그런즉 사망은 우리 안에서 역사하고 생명은 너희 안에서 역사하느니라"

새 언약의 일꾼으로 죽기를 마다 않고 복음을 전하는 자신을 무시하고 얕보는 교인들을 보며 실소失笑, 허탈한 웃음이 나왔나 봅니다. 저에게는 이러한 당신의 헛웃음이 더 큰 인간적 매력으로 다가옵니다. 어쨌든 당신은 낙심하지 않았잖아요.

"우리가 주목하는 것은 보이는 것이 아니요 보이지 않는 것이니 보이는 것은 잠깐이요 보이지 않는 것은 영원함이라"

옳습니다. 아멘입니다. 당신의 고백이요, 우리가 가질 영원한 소망입니다. 그래서,

"그런즉 누구든지 그리스도 안에 있으면 새로운 피조물이라 이전 것은 지나갔으니 보라 새것이 되었도다"

이렇게 그리스도 안에 있어야 함을 강조하셨습니다. 새롭게 된다는 것은 내면이 우선이지요. 자신이 당한 외적 고초와 내면에서 느끼는 자부심을 비교한 걸 보며 어느 평자가 '고린도 후서는 뛰어난 문학 작품'이라고 한 평가도 들었는데, 정말 그렇군요.

"우리가 속이는 자 같으나 참되고 무명한 자 같으나 유명한 자요, 죽은 자 같으나 보라 우리가 살아있고 징계를 받는 자 같으나 죽임을 당하지 아니하고 근심하는 자 같으나 항상 기뻐하고 가난한 자 같으나 많은 사람을 부요하게 하고 아무것도 없는 자 같으나 모든 것을 가진 자로다"

이렇게 가득한 자부심으로 간청합니다.

'고린도인들이여 너희를 향하여 우리의 입이 열리고 우리의 마음이 넓어졌으니 내가 자녀에게 말하듯 하노니 보답하는 것으로 너희도 마음을 넓히라"

아울러 그 공동체에 소위 '지극히 크다는 사도들'이라 하지만 실은 '사탄의 일꾼들'인 자들의 감언이설에 속지 말라고 일갈합니다. 도리어 어이없게도 교회를 위하여 근면하고, 낮추고, 물질적 대우를 겸양한 것이, 교인들에게는 당신이 부족한 것으로 치부되어 복음 전파에 훼방 받았다는 데 매우 분개하여 이렇게 폭발하시는군요.

"그들이 히브리인이냐 나도 그러하며 그들이 이스라엘인이냐 나도 그러하며(중략) 유대인들에게 사십에서 하나 감한 매를 다섯 번 맞았으며 세 번 태장으로 맞고 한 번 돌로 맞고 세 번 파선하고 일 주야를 깊은 바다에서 지냈으며 여러 번 여행하면서 강의 위험과 강도의 위험과 동족의 위험과 이방인의 위험과 시내의 위험과 광야의 위험과 바다의 위험과 주리며 목마르고 여러 번 굶고 춥고 헐벗었노라"

그러나 당신에게도 어쩔 수 없이 가시처럼 덧씌워진 육체적 질고가 있었군요. 그러나 아무리 기도해도 고쳐주시지 않았던 그 병고까지도 하나님 능력을 나타내는 강한 매개체였노라고 '자랑'하시는 당신, 서신을 마무리하면서 어려운 교회를 위한 사랑의 헌금을 부탁하면서 아비가 자녀에게 하듯 회개 촉구도 잊지 않았습니다.

보세요. 고린도 교회는 당신이 첫째 편지인 전서와 우리에게 전달되지 않은 두 번째 서신, 그리고 고린도 후서라는 세 권의 방대한 서신을 써야 할 정도로 당신을 가장 화나게 하고, 힘겹게 하고, 귀찮게 하여 넌더리가 날 만한 교회가 아닙니까.

그런데 그 교회에 남긴 마지막 축원은 놀랍게도 우리 목사들이 대대로 축복 기도문으로 하나님께 드리고 있다는 사실은 역설 중의 역설입니다. 그래요. 아무리 힘겨운 공동체라 해도 '예수 그리스도의 은혜'요 '하나님의 사랑'

이요, '성령의 교통하심'이 있는 곳이라면 거기가 곧 천국이지요.

제게도 당신에게 고린도 교회 같은, 평생의 몸속 가시처럼 이러지도 저러지도 못하고 그저 속앓이만 시키는 존재가 있습니다. 그에게 마음 깊이 당신의 축원문을 매일의 기도처럼 올려야 하겠습니다.

당신은 진정 시대를 넘어선 목사의 표상임이 분명하군요.

만약 당신이 살아있어 지금 우리 교회에 출석하시는 은퇴 목사라면, 제 앞에 앉아 설교를 듣고 있는 당신께 저도 똑같이 이렇게 축복하렵니다.

"주 예수 그리스도의 은혜와 하나님의 사랑과 성령의 교통하심이 나의 대선배, 사도 바울에게 함께 있을지어다"

21세기를 사는 무명의 목사 올림

축복합니다

예수님 은혜가
하나님 사랑이
성령의 교통이
1년 4계절 평생동안
임마누엘~

흔적

사도님, 당신의 서신을 두려운 마음으로 읽었습니다. 제가 발붙이고 사는 땅, 갈라디아 지역의 영혼 구원을 위해 힘써주심에 감사드립니다. 이 지역에 여러 교회가 흩어져 있어서, 당신의 서신을 읽은 후 또 다른 교회가 회람回覽하도록 보냈습니다.

사도님, 당신은 본디 유대인으로, 소싯적부터 율법교육을 받되 당신의 연장자들보다 지나칠 정도로 열심히 하셨다고 쓰셨습니다. 유대 율법주의자들이 경멸하는 예수 그리스도를 이단의 괴수로 여기고 그를 믿는 자들을 핍박하는 선봉에 있다가 주님의 부르심을 받아 예수 증거의 선봉이 되셔서 선교여행으로 이곳에 오셨지요.

사도님, 당신이 우리 지역에 오신 것은 천지를 만드신 하늘과 땅의 주인, 그리고 육체의 삶 너머에 또 다른 영원의 세계를 주신 하나님의 선물입니다. 기본적으로 우리가 사는 이곳은 헬라와 로마의 신화는 물론, 고래古來의 전통적 잡신들이 얼마나 많은지요. 우리는 그런 것들에 휘둘려 하루하루 견디다가 허무하게 생을 끝내는 가련한 영혼들이었지요. 그런 우리에게 당신은 하나님의 창조, 인간의 타락, 예수 그리스도의 십자가 대속代贖을 통한 완벽한 구원의 진리를 전해주셨습니다. 우리는 그것을 인간으로 태어나서 들을 수 있는 최고의 기쁜 소식, 복음이라 굳게 믿었습니다. 그리고 그 안에서 완전한 영적 자유를 누리고 행복했습니다.

그런데 우리에게 무언가 부자유함이 다가왔어요. 당신이 말하는 소위, '가만히 들어온 형제들'이라고 하는 유대인들이 우리 갈라디아 지역에 있는 교회를 순회하면서 이상한 영적 덧칠을 하고 간 후였어요.

그들의 주장을 한마디로 말하자면, '예수는 믿어도 할례를 받아야 한다'는 것인데, 우리에게는 솔깃했죠. 그러잖아도 '인간의 죄가 이토록 무거운데, 예수님의 십자가 대속을 믿음으로 완벽한 구원을 얻고 천국의 시민이 된다'는 그 간단명료한 진리가 실감 나지 않을 정도였거든요. 무언가 하나님이 주신 계율이 있어야 할 것 같다는 생각 의 틈새에 그들이 파고들어 온 것입니다.

지금도 사도님이 여기 우리와 함께 계실 때를 생각하면 눈물이 아른거립니다. 사도님은 키도 자그마하시고, 몸은 온전치 못한 것 같았어요. 사람들이 사도님은 간질 기운이 있는 것 같다고 하고 누구는 안질眼疾로 힘겨워하시는 것이 아닌가 염려했습니다. 언젠가 우리 부부가 사도님께 할 수만 있다면 우리 눈이라도 드리고 싶다고 말 할 때, 사도님의 눈가에도 이슬이 어리는 걸 보았던 기억이 새롭습니다.

당신은 우리 갈라디아 지역의 교회들에 화가 많이 나 있는 듯하군요. 우리들 귀가 얇았습니다. 내면이 깊지 못했습니다.

사도님, 당신도 유대인 남성이기에 당신 육체에 할례 흔적을 가지고 있겠지요. 그러나 그 하잘것없는 표식보다는 십자가의 흔적을 소중히 여기심을 서신 처음부터 끝까지 강조하셨어요.

"내가 그리스도와 함께 십자가에 못 박혔나니 그런즉 이제는 내가 사는 것이 아니요 오직 내 안에 그리스도께서 사시는 것이라 이제 내가 육체 가운데 사는 것은 나를 사랑하사 나를 위하여 자기 자신을 버리신 하나님의 아들을 믿는 믿음 안에서 사는 것이라"

이렇게 쓰신 부분은 우리 평생에 두고두고 암송하며 우리의 찬송으로 삼겠습니다. 그래요, 예수 그리스도의 십자가를 믿는 믿음 말고 다른 복음은 없지요. 우리 지역에 잠입한 어설프고 고집스러운 유대인들의 강요에 다시는 더 속지 않겠습니다.

"어리석도다 갈라디아 사람들아 예수 그리스도께서 십자가에 못 박히신 것이 너희 눈 앞에 밝히 보이거늘 누가 너희를 꾀더냐 내가 너희에게서 다만 이것을 알려 하노니 너희가 성령을 받은 것이 율법의 행위로냐 혹은 듣고 믿음으로냐 너희가 이같이 어리석으냐 성령으로 시작하였다가 이제는 육체로 마치겠느냐"

이런 질책, 우리가 받아도 쌉니다. 이제 어리석지 않겠습니다. 또,

"그리스도께서 우리를 자유롭게 하려고 자유를 주셨으니 그러므로 굳건하게 서서 다시는 종의 멍에를 메지 말라. 보라 나 바울은 너희에게 말하노니 너희가 만일 할례를 받으면 그리스도께서 너희에게 아무 유익이 없으리라 내가 할례를 받는 각 사람에게 다시 증언하노니 그는 율법 전체를 행할 의무를 가진 자라"

이렇게 분별을 주셔서 그동안 사도님을 화나게 하고 염려하게 했던 가장 큰 이유가 율법주의와 혼합된 그리스도인들 때문이라는 걸 충분히 마음에 새겼습니다. 그들이 주장하는바, '예수님을 믿는 비 유대인도 할례는 받아야 한다'는 그 권위주의에 속지 않겠습니다. 오로지 우리가 간직할 표식, 구원의 흔적은 예수님의 십자가요, 그 십자가에 의하여 나의 모든 죄를 대속 받았음을 확실히 고백하고 잃을뻔했던 영적인 자유를 이제 다시 찾겠습니다.

사도님, 다시 감사를 드립니다. 그리고 결심합니다. 당신께 쓰는 답신을 마감하기 전, 앞으로 어느 누가 다시 할례니 율례니 하며 제 영적 자유를 흔들려는 시도가 있을 때, 지금도 제 가슴을 치고 있는 당신의 천금 같은 이 한마디, 앞으로도 두고두고 간직할 당신의 이 한마디 외침으로, 거뜬히 이기겠습니다.

'이 후로는 누구든지 나를 괴롭게 하지 말라 내가 내 몸에 예수의 흔적을 지니고 있노라"

갈라디아 지역, 어느 교회에서 무명의 성도 부부 올림

49. 에베소서

교회

그리운 바울 사도님,

아련한 추억을 남기신 사도님의 편지를 읽고 또 읽었습니다. 사도님이 우리 곁을 떠나시던 날을 기억하십니까? 그날, 우리는 사도님을 다시는 못 뵐 줄 알고 사도님의 목을 안고 입을 맞추며 엉엉 울었지요.

사도님이 우리 에베소에 3년여를 머무시며 사역하신 후 예루살렘에 가시자 곧 연행되시더니, 석방의 기회도 마다하고 굳이 로마 감옥행을 선택하셨군요. 그리고는 감옥에서 가장 먼저 우리에게 서신을 보내셨습니다.

사도님. 사도님은 여기 계실 때나, 거기에서나 어찌 그리 같으십니까? 당신이 가르치셨던 교회의 본질을 어찌 그리 알알이 상기시키시는지요.

하나님은 우리에게 창세 전에 신령한 복을 주셔서 예수 그리스도의 은혜로 성도가 되게 하시고, 부르셔서 하나님의 영광을 찬송하게 하신 교회를 이루셨습니다.

"또 만물을 그의 발아래에 복종하게 하시고 그를 만물 위에 교회의 머리로 삼으셨느니라. 교회는 그의 몸이니 만물 안에서 만물을 충만하게 하시는 이의 충만함이니라"

이렇게 서신에 쓰신 가르침, 꼭꼭 기억하렵니다.

아시다시피, 여기가 동서남북 교역이 활발한 항구도시 아닙니까. 타향살이하는 객들이 모여드는 곳이죠. 이곳에 정착한 유대인들에게 사도님이 오셔서 전파하신 예수의 복음으로 세운 유대인 중심의 에베소교회에 하나씩 둘씩 모여든 이방인들이 또 하나의 무리가 되었지요. 사도님이 여기 계실 때부터 민족주의나 지역감정으로 서로 반목하지 말라고 하셨어요. 여기를 떠나실 때 장로들인 우리에게는 "성도를 위하여 삼가라"고 하신 말씀도 생생합니다. 누누이 강조하신 "교회는 하나"라는 점을 다시 상기시켜 주심도 새기겠습니다.

우리는 예수님의 은혜를 따라 믿음으로 구원을 받았습니다. 그래서 그것이 자기의 공력으로 된 것인 양 내세울 수 없다는 걸 강조하셨습니다. 유대인이든, 이방인이든, 그리스도는 모두를 위하여 십자가에 죽으셨기 때문입니다. 그래서 우리는 "사도들과 선지자들의 터 위에 세우심을 입은 자로 예수께서 친히 모퉁잇돌이 되셨고 그분 안에서 건물마다 서로 연결하여 주 안에서 성전이 되어 가고 성령 안에서 하나님이 거하실 처소가 되기 위하여 예수 안에서 함께 지어져 가고 있다"는 교회 공동체를 건축물에 비유한 말씀을 명심하겠습니다.

참 생각할수록 놀랍습니다. 어떻게 사도님은 지금 영어囹圄의 몸으로 도리어 우리를 위해 이런 기도를 드릴 수 있죠?

'이러므로 내가 하늘과 땅에 있는 각 족속에게 이름을 주신 아버지 앞에 무릎을 꿇고 비노니 그의 영광의 풍성함을 따라 그의 성령으로 말미암아 너희 속사람을 능력으로 강건하게 하시오며 믿음으로 말미암아 그리스도께서 너희 마음에 계시게 하시옵고 너희가 사랑 가운데서 뿌리가 박히고 터가 굳어져서 능히 모든 성도와 함께 지식에 넘치는 그리스도의 사랑을 알고 그 너비와 길이와 높이와 깊이가 어떠함을 깨달아 하나님의 모든 충만하신 것으로 너희에게 충만하게 하시기를 구하노라"

아멘, 이 기도의 서신을 이 지역의 다른 여러 교회들에게도 회람回覽하겠습니다. 또, "우리 가운데서 역사하시는 능력대로 우리가 구하거나 생각하는 모든 것에 더 넘치도록 능히 하실 이에게 교회 안에서와 그리스도 예수 안에서 영광이 대대로 영원무궁하기를 원하노라. 아멘"

사도님, 이 기원과 이 말씀이 있는데, 우리 현실이 제아무리 얽히고설켜 있은들 미해결의 문제가 어디 있으며, 이기지 못할 영적 싸움이 어디 있겠습니까?

본디 인간의 속물 됨과 이중성을 볼 때, 죄가 드글드글 하는 게 상식인 듯 싶지만, 사도님은 우리에게 꾸준히 새롭게 될 것을 말씀하셨습니다. 유대인이든 이방인이든 과거의 옛 습관을 떨치고 새롭게 되어, “서로 친절하게 하며 불쌍히 여기며 서로 용서하기를 하나님이 그리스도 안에서 너희를 용서하심과 같이 하라”는 이 말씀, 당연히 그래야지요.

이곳 에베소에는 저잣거리에서 몸을 파는 여인의 거리도 있고, 유학 온 사람들이 드나드는 도서관도 있습니다. 더구나 여기는 전통적인 여신 아르테미스 여신의 신전도 있습니다. 백인 백색이라, 교인 가운데는 음욕에 끌려 유곽을 찾아 나서고 싶은 사람, 제법 배웠다는 사람은 무신론의 철학에 빠질 위험도 있고, 아르테미스 여신상에 마음을 떨치지 못한 사람도 있겠지요. 사도님은 이 점이 늘 염려가 되어 기도를 쉬지 못하실 것 같습니다.

걱정 마세요 사도님. 예수님은 남편이 아내를 사랑하듯이 교회를 사랑하시는데, 우리 역시 아내가 지아비 섬기듯 예수님을 사랑하며 성도 서로를 대하면 되겠지요. 부모와 자녀의 문제도, 노예와 주인의 관계도 “사랑 가운데서 서로 용납하고 평안의 매는 줄로 성령이 하나 되게 하신 것을 힘써 지키라“는 이 대원칙을 지켜나가다 보면 어느덧 사도님이 서신에 쓰신 대로, “심령이 새롭게 되어 하나님을 따라 의와 진리의 거룩함으로 지으심을 받은 새 사람을 입겠지요.”

사도님은 마지막으로 우리가 주님 안에서 마귀를 대항하여 싸워 이길 믿음의 전신 갑주를 입으라고 하셨습니다. 세상은 영적 싸움의 현장임을 명심하라는 말씀이지요. 여부 있습니까, “진리로 허리띠를 띠고 의의 호심경을 붙이고 평안의 복음이 준비한 것으로 신을 신고 모든 것 위에 믿음의 방패를 가지고 구원의 투구와 성령의 검 곧 하나님의 말씀”으로 무장하여 날마다 선한 싸움을 하며 꼭 이기겠습니다. 그러면 저도 사도님이 서신 끝에 전한 인사처럼, “우리 주 예수 그리스도를 변함없이 사랑하는 ‘바울 사도’님께 은혜가 있기” 바라오며, 사도님을 위해 간절히 기도하겠습니다.

에베소 교회 장로 드림

50. 빌립보서

기쁨

바울 사도님, 안녕하세요?

사도님이 사랑하시는 빌립보 교회, 유오디아와 순두게가 인사드립니다. 사도님이 에바브라디도 집사님 편에 전해주신 서신을 읽으며 정말 부끄러웠습니다.

우리 교회는 처음부터 사도님이 예수님과 '같은 마음'이 되셔서 세우신 교회입니다. 이곳 빌립보는 빌립 장군의 이름을 따서 지을 정도로 군사적 요충지요, 침략자들이 눈독을 들였던 도시잖아요? 게다가 여기는 로마의 퇴역 장군들이 노년을 보내는 곳이기에 로마에 대한 충성심이 남다른 곳, 그래서 신격화된 황제 이외의 어느 누구도 신으로 추앙되는 게 용납되지 않는데, 그걸 무릅쓰면서 예수 그리스도만이 하나님의 아들이요 구세주 되심을 이곳에서 전하셨다는 것은 사도님이 예수님과 '같은 마음'이 아니고는 하기 힘들었겠죠.

사도님은 우리 교회가 모금하여 전해드린 얼마간의 영치금을 그토록 기뻐하시는데, 그 물질에 녹여있는 우리 사랑이 사도님과 같은 마음이라고 여기셨기 때문이라고 생각했어요. 더욱이 사도님은 자신이 옥에 계신 현실이 도리어 복음 전파에 유익하게 된 걸 기뻐하시네요. 사도님이 복음을 전한다는 이유만으로 수인囚人이 된 걸 보고는 다른 이들도 복음 전파에 용기를 내는가 하면, 사도님을 질시嫉視하는 자들도 사도님을 곤란케 할 양으로 복음 전한다는 소식에 어쨌든 복음이 전해지는 사실 자체에 기쁨을 느끼신다고요.

확실히 석방될 것을 믿지만 설령 죽음에 이르더라도 주님 품에 있을 터이요, 그러나 석방되는 것도 예수를 전파하기 좋기에 그걸 기뻐하시는 사도님, 당신은 마치 예수님과 한 몸 같군요.

사도님 기쁨의 원천은 오직 예수님이시라는 걸 구구절절 느꼈어요. 우리 각인이 어떤 좋은 마음을 가지고 있어도, 마음을 같이하여 같은 사랑을 가지고 뜻을 합하며 한마음을 품으라고 강조하시며, 그 이유가 이렇다고 하셨잖아요.

"그는 근본 하나님의 본체시나, 하나님과 동등 됨을 취할 것으로 여기지 아니하시고 오히려 자기를 비워 종의 형체를 가지사 사람들과 같이 되셨고 사람의 모양으로 나타나사 자기를 낮추시고 죽기까지 복종하셨으니 곧 십자가에 죽으심이라"

언제나 남을 배려하시는 디모데 사도님과 머나먼 로마 감옥의 사도님께 심부름 다니다 깊은 병을 얻을 정도로 과로하셨던 에바브라디도 집사님 모두가 예수님의 낮아지심을 몸으로 보여주시니 우리가 얼마나 복된 성도입니까.

사도님은 인간적으로 내세울 만한 게 많이 있지만, 그것들을 몸에서 배출되는 오물처럼 버렸고 예수님께 붙들려있는 것을 단 하나의 푯대로 하여 달음질하시는 그 걸음을 본받겠습니다. 사도님의 시민권이 오직 하늘에 있듯 우리 역시 그렇잖아요. 그런데요,

"내가 유오디아를 권하고 순두게를 권하노니 주 안에서 같은 마음을 품으라"

사도님 서신에서 저희 두 사람의 이름이 툭 튀어나오는 순간, 우리 심장이 얼마나 요동쳤는지요. 우리 두 사람, 같은 마음이 아니었어요. 다툼이 있었습니다.

우리 빌립보 교회는 루디아 성도님의 물질적 헌신으로 시작한 만큼, 여성 성도들의 역할이 큰 교회이지만, 그래서일까요, 여성인 우리가 알게 모르게 어떤 우월감이, 높아지려는 권위의식이 자리했나 봅니다. 마치 아담이 하나님과 동등해지려 했던 것처럼, 나보다 남이 아닌, 남보다 나를 더 우월하게 여겼던 우리 자신들을 돌아보며 주님께 눈물을 흘렸답니다.

돌아보니, 에바브로디도 집사님의 충심이나 디모데 사도님의 이웃을 향한 배려는 물론 바울 사도님의 예수님과 마음을 같이하는 모습을 간과했어요. 무엇보다 그리스도 예수님의 십자가 겸비를 더 깊이 묵상하지 못했습니다. 그러니 예수 그리스도 안에서 누리는 기쁨을 잃을 수밖에요. 사도님, 이런 우리에게 말씀하셨지요.

”주 안에서 항상 기뻐하라 내가 다시 말하노니 기뻐하라 너희 관용을 모든 사람에게 알게 하라 주께서 가까우시니라“

바울 사도님, 기뻐하며 서로에게 마음을 넓히라는 말씀이 어찌 우리 두 사람에게만 해당하겠어요? 우리 예수님은 모든 이에게 가까이 계시거늘 우리가 이걸 놓쳤어요. 우리 교회 모두는 사도님이 능력 주시는 자이신 예수님 안에서 빈곤에도, 부요에도, 환대나, 냉대에도 모두 잘 견딜 수 있다는 그 힘찬 고백을 우리 것으로 삼겠습니다.

아무것도 염려하지 않겠습니다. 그냥 모든 일에 우리가 구할 것을 감사함으로 하나님께 아뢰겠어요. 우리를 너무나 잘 알고 계신 하나님이 평강을 주시고 우리 감정과 지성을 지키시고, 우리가 사도님께 배우고 받고 듣고 본 것을 따라서 말씀을 삶에 이을 때 역시 하나님이 함께하시는 기쁨을 누리게 되겠지요. 사도님은 서신을 마치시며 우리를 다시 칭찬하셨지요.

“그러나 너희가 내 괴로움에 함께 참여하였으니 잘하였도다. 빌립보 사람들아 너희도 알거니와 복음의 시초에 내가 마게도냐를 떠날 때에 주고받는 내 일에 참여한 교회가 너희 외에 아무도 없었느니라”

우리가 사도님께 작은 물질을 보내드리는 그 괴로움의 참여가 더 크고 깊은 기쁨을 누리게 한다는 역설, 다시 새기며 사도님께도 주님의 은혜가 늘 함께하시길 기도하겠습니다. 샬롬

빌립보 교회 유오디아, 순두게 올림

51. 골로새서

신생 新生

골로새 교회 성도 여러분, 저는 예수님 성육신聖肉身하신 지 2천 년이 지난 시대를 사는 대한민국의 평범한 성도랍니다.

바울 사도가 여러분께 보낸 골로새서를 읽으며 성도 여러분이 참으로 행복한 사람이었다고 느꼈습니다. 여러분의 교회는 현재 튀르키예의 서남쪽, 에베소 인근 도시 골로새에 바울의 동역자, 아마도 제자일 것 같은 에바브라 선생이 개척한 교회잖아요. 사도 바울이 자신의 제자인 에바브라에게 그 교회 소식을 전해 듣고 여러분 개인 개인의 영혼을 아끼는 마음으로 로마 감옥에서 서신을 보내줄 정도로 여러분을 사랑하고 있었네요. 피차 얼굴을 한 번도 본 적 없지만, 예수의 전파자요 하늘의 기쁜 소식을 전하는 귀인貴人 바울의 깊은 관심을 받았다는 사실은 얼마나 큰 영광입니까.

바울은 서신 첫머리에 여러분이 복음으로 신생新生을 얻어 믿음, 소망, 사랑의 열매를 맺어 자라고 있음을 하나님께 감사하며 여러분을 위하여 기도하는군요. 아울러 세상 만물을 창조하기 전부터 존재하셨고 교회의 머리 되시는 예수님을 여러분이 더욱 믿고, 소망하며 사랑하기 위해 "너희를 위하여 받는 괴로움을 기뻐하고 그리스도의 남은 고난을 그의 몸 된 교회를 위하여 내 육체에 채우노라"는 고백을 들었던 여러분은 얼마나 황송했으며 얼마나 행복했을까요. 제가 최근에 읽은 수필 가운데 이런 대목이 있어요.

"새벽 산책길에서 딱한 중생을 만났다. 젓가락으로 입에 올리다 흘린 자장면사리 같다. 꿈틀꿈틀 힘겹게 기어간다. 그런데 여기는 처참한 죽음이 기다리고 있는지도 모른다. 이것이 지렁이의 딱한 운명이다. 다시 땅속으로 들어가라. 들어가라. 제발 들어가세요. 그래도 지렁이는 가던 길을 간다.

깜짝 놀랐다. 더 높은 곳에서 나를 내려다보는 진짜 신이 있지 않을까. 맞다. 바로 저만큼 위에서 나를 내려다보면서 '가지 마라. 거길 가면 안 되느니라. 그리 가면 네가 으깨지고 끊어지고 으스러지고 흔적도 없이 사라진다.' 나의 운명을 내려다보며 안타까워하는 신이 저 위에 있는 것 같아서 나는 안절부절못한다. 지렁이에게서 나의 운명을 돌아본다"

(이방주의 〈지렁이가 품은 우주〉에서)

수필가가 지렁이의 위험을 보며 걱정하는 게 사도 바울이 여러분을 걱정하는 듯합니다. 다른 점이 있다면, 수필가는 지렁이에게 자신의 운명을 투사投射하고, 사도 바울은 여러분의 새롭게 태어난 영혼이 흔들림 없기를 간곡히 호소하는 점이지요.

어찌 보면, 우리 모든 인생이 지렁이 같아요. 구약 성경 한글 옛 번역에서는 이사야서에 하나님이 "지렁이 같은 너, 야곱아" 라고 백성들을 부르셨잖아요.

신생을 얻어 심령이 가난해진 여러분에게 접근한 이단의 미혹과 교묘한 영적 속임수 앞에서 여러분이 길가에서 으깨어지는 처참한 지렁이가 되지 않도록 고심하는 사도 바울을 골로새서에서 보았습니다.

누가 만든 우화인지 모르지만, 이런 얘기가 있어요. 두루미들이 노는 논바닥이 백조가 왔대요. 백조가 두루미에게 자기가 날아다니며 보았던 멋진 하늘 풍경을 마음껏 자랑했다지요. 한참 듣던 두루미가 말했답니다.

"백조야, 네가 보았던 저 하늘에 우렁쉥이는 있니?"

백조와 두루미가 추구하는 세계가 이렇게 달랐던 거죠.

골로새서에서 바울은 이렇게 권고합니다.

"그러므로 너희가 그리스도와 함께 다시 살리심을 받았으면 위의 것을 찾으라 거기는 그리스도께서 하나님 우편에 앉아 계시느니라 위의 것을 생각하고 땅의 것을 생각하지 말라 이는 너희가 죽었고 너희 생명이 그리스도와 함께 하나님 안에 감추어졌음이라"

참 멋진 권고이군요. 우렁쉥이를 찾아 논바닥을 뒤지는 두루미 같은 인생들에게 백조가 누리는 멋진 하늘, 영원을 추구하라는 바울의 권면을 들었던 여러분, 계속 이어진 그의 권고를 잘 실천하셨다면 거기가 곧 천국이었겠습니다.

"그리스도의 평강이 너희 마음을 주장하게 하라. 너희는 평강을 위하여 한 몸으로 부르심을 받았나니 너희는 또한 감사하는 자가 되라. 그리스도의 말씀이 너희 속에 풍성히 거하여 모든 지혜로 피차 가르치며 권면하고 시와 찬송과 신령한 노래를 부르며 감사하는 마음으로 하나님을 찬양하고 또 무엇을 하든지 말에나 일에나 다 주 예수의 이름으로 하고 그를 힘입어 하나님 아버지께 감사하라"

그래요, 아내와 남편 관계도 상하 계급이 엄존하는 사회에서도 주고받는 언어를 주께 대하듯 감사와 평강의 노래로 이어간다면 거기가 바로 신생新生을 얻은 사람들이 누린 하늘이 아닐까요?

그런데 말입니다. 골로새서의 맨 마지막 문장에서 찡하는 뭔가가 느껴집니다. "내가 매인 것을 생각하라"

자신이 영어囹圄 인 상태를 기억해 달라는 이 간단한 한마디를 보며 그 역시 한 인간이기에 여러분의 사랑과 기도를 많이 원하고 있었다는 걸 알았습니다. 그의 외로움을 거기서 보았지요. 과연 골로새서를 받은 여러분의 삶이 어떠했는지요? 여러분이 신생으로 충만함을 계속 유지했었다면 바울의 외로움에도 보람은 있었을 겁니다.

이제 그 궁금증을 뒤로하고 저도 이만 쓰겠습니다.

대한민국의 평범한 성도 올림

추신, 주님 다시 오실 때, 천사들의 나팔 소리와 함께 에바브라, 그리고 바울 사도님과 골로새 교회의 성도 여러분을 만나 손잡고 싶다는 말씀도 드리고 싶습니다.

대림 待臨

존경하는 바울 사도님께. 문안 인사드립니다.

사도님, 당신이 우리 지역에 어떻게 왜 오셨는지 처음엔 몰랐지만, 지금은 그저 눈물 나게 감사할 따름입니다. 이곳 데살로니가는 마게도니아의 수도이지요. 군사와 상업의 요충지로서 동쪽 서쪽으로 뚫린 '비아 에그나티아'(Via Egnatia) 도로가 2백 년 전에 개설되어 통행로가 되는 지역이고요.

사도님을 비롯한 실라, 디모데 일행이 여기 오시기 전 이미 아시아 지역 선교여행을 마치시고 두 번째 선교여행 중에 우리 마게도니아 사람이 환상 중에, "건너와서 우리를 도우라"는 애원을 들은 후 그걸 주님의 소명召命으로 믿고 순종하는 맘으로 오셨다고 들었습니다.

저희가 사도님 일행을 맞이한 건 하나님의 큰 은혜가 아닐 수 없습니다. 이 도시의 이름이 '데살로니가'가 된 것도 지금부터 3백여 년 전 알렉산더 대왕의 이복 누이요, 카산더 왕의 부인의 '테살로니키'(Thessaloniki)라는 이름을 따서 지어졌듯이 정치 군사적 욕망의 희생타였지요.

그렇게 늘 힘 있는 자들의 위세에 눌려 살던 우리에게 선생님이 가져오신 예수 그리스도의 진리 말씀은 우리에게 자유와 평화를 주는 해방의 메시지였습니다. 상업이 발달한 곳에는 어디나, 유대인이 모여 살았고, 유대인이 있는 곳에는 어느 곳에나 그들의 회당이 있어서, 유대인인 사도님 일행은 자연스레 거기서 강론하셨지요. 실의에 잠겨 무언가 목마름에 있던 우리에게 목화솜에 물이 흡수되듯 빨려들어 왔습니다.

그러나 이별이 너무나 빨리 왔어요. 당신의 일행이 전하시는 진리는 유대인들이 이단으로 여기며 도외시하는 예수 그리스도에 관한 것이기에 같은 동족인 유대인들의 훼방을 견딜 수 없어 이웃 도시 베뢰아로 도피하셨습니다. 그것이 영 이별이 될 줄 누구도 몰랐었고요. 바울 사도님은 우리 데살로니가에 겨우 3주간 머무시며 데살로니가 교회를 만드시며 강렬한 교훈을 남기셨습니다.

바울 사도님, 당신이 디모데 사도님께 우리를 맡기고 떠나셨지만, 디모데 사도님은 당신의 호출을 받고 두어 차례 다녀오면서, 당신 일행이 아가야 지역의 아테네와 항구도시 고린도에 머물고 있다는 소식을 알려주셨습니다. 아마도 디모데 사도님께 우리 교회 소식을 들으시고 기쁨과 안도감, 그리고 적잖은 염려도 생겼었나 봅니다.

고린도에 계시며 우리에게 써서 인편으로 보내오신 서신 첫 부분에는 저희들 칭찬이 가득하더군요. 겨우 3주간의 만남과 이별의 틈새에서 사도님께 배운 진리가 햇병아리 수준인 우리에게 얼마나 큰 영향력이 있다고 이렇게 몸 둘 바 모르게 하십니까.

"또 너희는 많은 환난 가운데서 성령의 기쁨으로 말씀을 받아 우리와 주를 본받은 자가 되었으니 그러므로 너희가 마게도냐와 아가야에 있는 모든 믿는 자의 본이 되었느니라. 주의 말씀이 너희에게로부터 마게도냐와 아가야에만 들릴 뿐 아니라 하나님을 향하는 너희 믿음의 소문이 각처에 퍼졌으므로 우리는 아무 말도 할 것이 없노라"

그러나 염려도 많으셨군요. 마치 걸음마를 하는 아이를 물가에라도 두고 온 것처럼, 유대인을 비롯한 핍박과 우리 동족 헬라인의 압력을 동시에 감내하는 우리가 미덥지 못했겠지요. 그렇습니다. 우리들의 진리에 대한 어설픈 곡해가 아무래도 사도님 마음을 편치 못하게 했을 것입니다. 저희를 안타깝도록 보고 싶다 하신 말씀도 전해주신 교리가 우리 안에서 흐트러지지 않았을까 하는 노파심이었겠지요.

결정적으로 우리가 가진 의문점, 예수님이 곧 재림하실 터인데, 그러면 예수님을 영접했지만 이미 육체의 숨을 거두고 무덤에 있는 분들의 부활에 대한 의구심을 일거에 해소하여 주셨습니다. 그들은 주님의 재림과 동시에 현재 살아있는 우리보다 먼저 일어나고 우리도 뒤를 이어 들림받을 것이라고 확언하여 주셨습니다. 잘 알겠습니다. 그렇게 믿고 열심히 그리스도인으로 살겠습니다.

사도님이 서신에서 우리에게 강조하신 건 확실한 두 가지군요. 첫째는 주님의 재림이 언제일지 모르니 언제나 예수님을 대망待臨하는 자세로 깨어있어 공동체 안에서 서로 도우며 서로를 귀하게 여기며 거룩한 생활에 힘쓰라는 것, 그리고 예수 안에서 우리를 향하신 하나님의 뜻을 따라 살되 성령을 소멸하지 말라는 것입니다. 다시 말해 삼위일체의 하나님과 동행하며 살다 보던, 어느 순간, 당신의 표현대로 "도둑 같이" 예수께서 재림하시더라도 우리 기다림이 헛되지 않으리라는 말씀이군요.

"항상 기뻐하라, 쉬지 말고 기도하라, 범사에 감사하라. 이것이 그리스도 예수 안에서 너희를 향하신 하나님의 뜻이니라"

사도님, 이 말씀은 짧지만, 실천이 잘 안 되는 덕목입니다. 그러나 오늘이나 내일, 아니면 어느 순간에 주님이 다시 오신다는데, 그 주님을 대림하는 마음은 항상 기쁘지 않을 수 없고요, 기도를 쉴 수 없고요, 무슨 일에나 감사하지 않을 수 없습니다.

바울 사도님, 안심하십시오. 저희들, 디모데 사도님과 함께 우리들의 신앙 렬심히 지키고 있겠습니다. 저희도 사도님을 몹시 만나고 싶지만 여의치 않습니다. 그래도 주 예수 그리스도의 재림을 대망하며 사도님과 함께 들림 받기를 간절히 소원하며 살겠습니다.

바울 사도님과 동역자분들께 예수 그리스도의 은혜가 있기를 기도하겠습니다. 샬롬.

데살로니가 교회 성도들 일동

53. 데살로니가 후서

분별

여보, 오늘은 데살로니가 후서를 읽으며 우리가 누군가에게 속았던 일, 사기를 당했던 일, 그리고 이단에 빠진 사람에게 속을 썩였던 일들이 생각나서 피식 웃었소. 데살로니가 교회의 성도들이 바울의 편지를 가장한 가짜 편지에 완전히 낚였었다는 걸 알았기 때문이오. 데살로니가 후서 2장 1절에,

"형제들아 우리가 너희에게 구하는 것은 우리 주 예수 그리스도의 강림하심과 우리가 그 앞에 모임에 관하여"

라고 쓴 걸 보게 되는데, 사도 바울은 데살로니가 전서에서 예수님의 재림에 관하여 "그리스도 안에서 죽은 자들이 먼저 일어나고 그 후에 우리 살아남은 자들도 그들과 함께 구름 속으로 끌어 올려 공중에서 주를 영접하게 하시리니"라고 했지. 그걸 상기시킨 구절이오. 2절에는 이렇게 이어가지.

"영으로나 또는 말로나, 또는 우리에게서 받았다 하는 편지로나"

이게 뭘까? 데살로니가 전서를 보낸 후 몇 개월 뒤에 누군가가 그들에게 바울이 보낸 서신인 척 절묘하게도 가짜 편지를 그들에게 보낸 것이지. 이런 내용으로. "'주의 날이 이르렀다' 고"말이오.

바울에게 3주간밖에 교육을 받지 못한 채 교회를 이루고 바울과 헤어진 어리숙한 교인들에게 그렇게 주입한 것이지. 어리숙한 성도들은 그 가짜 서신이 강조하는 예수님의 '임박한 재림'의 주장에 완전히 속은 거요.

사도 바울은 데살로니가 전서를 보낸 후 몇 달 후 들려오는 소리가 영 이상하다 싶어 자초지종을 들어보고 데살로니가 교인들이 누군가에게 교묘하게

속았다는 걸 알았고 굉장히 기분이 나쁜 정도를 넘어 엄청 화가 났을 것 아닌가. 그래서 서둘러 데살로니가 후서를 보내어 주의를 줬어요.

"해서 쉽게 마음이 흔들리거나 두려워하거나 하지 말아야 한다는 것이라. 누가 어떻게 하여도 너희가 미혹되지 말라. 먼저 배교하는 일이 있고 저 불법의 사람 곧 멸망의 아들이 나타나기 전에는 그날이 이르지 아니하리니"

이 말은 재림의 타이밍이 임박한 게 아니고 언제일지 모르는 악의 세력을 심판한 후 이루어질 것이니 지금 현재의 삶에 차분하고도 충실히 임하며 신앙을 이어가라는 권고요, 참과 거짓에 대한 분별을 제대로 해야 한다는 말이었소.

그래선지 서신의 서두에 인사와 감사의 말도 있지만, 힘겨운 교인들을 위로하고, 교인들을 힘들게 하는 자들에게 준엄한 심판이 있을 것이라는 말부터 전하고 있소.

"환난을 받는 너희에게는 우리와 함께 안식으로 갚으시는 것이 하나님의 공의시니 주 예수께서 자기의 능력의 천사들과 함께 하늘로부터 불꽃 가운데에 나타나실 때에 하나님을 모르는 자들과 우리 주 예수의 복음에 복종하지 않는 자들에게 형벌을 내리시리니"

그러잖아도 그들은 유대인의 핍박과 자신들의 동족인 헬라인들에게까지 당하는 핍박에 극심한 고통을 받고 있었는데, 이렇게 임박한 종말론에 속기까지 했으니, 열 일 제쳐놓고 예수 재림만 기다리는 사람이 생겨났고 급기야 예수 재림을 핑계로 공동체 안에서 아무런 일도 하지 않는 현실 도피형 인간이 하나, 둘 생겨났던 거요. 오죽하면 사도 바울은 이렇게 야단쳤을까.

"우리가 너희와 함께 있을 때에도 너희에게 명하기를 누구든지 일하기 싫어하거든 먹지도 말게 하라 하였더니 우리가 들은즉 너희 가운데 게으르게 행하여 도무지 일하지 아니하고 일을 만들기만 하는 자들이 있다 하니 이런 자들에게 우리가 명하고 주 예수 그리스도 안에서 권하기를 조용히 일하여 자기 양식을 먹으라 하노라"

"내일 세상의 종말이 온다 해도 나는 오늘 한 그루의 사과나무를 심겠다"

는 명언이 떠오르는 말씀이오. 사실, 이 명언도 중세시대 네덜란드의 합리주의 철학자 스피노자가 한 말로 전해졌지만 누가 한 말인지는 명확하지 않다는군. 이렇듯 데살로니가 교회의 성도뿐 아니라 이 세상에는 왜곡되이 전해져, 진실이 아닌 게 진실로 둔갑 된 사실이 참 많이도 있소.

사도 바울은 여기서 한 걸음 나아가

"누가 이 편지에 한 우리 말을 순종하지 아니하거든 그 사람을 지목하여 사귀지 말고 그로 하여금 부끄럽게 하라"

교인을 사랑하는 바울의 분노를 충분히 느낄 수 있는 말이오. 그래도 혹시 상처받을까 염려가 되었는지, "그러나 원수와 같이 생각하지 말고 형제같이 권면하라"는 단서를 보니, 그의 목소리 톤이 꼭 요즘 교회의 목사 같지 않소?

우리나라에서도 1992년, 시한부 종말론에 휩싸여 나라 전체가 홍역을 치룬 웃지 못할 일이 있었잖소. 데살로니가 후서를 덮으며 '보이스피싱'이라는 단어가 생각나는군. 보이스피싱의 역사는 창세기의 에덴동산으로 거슬러 올라가서, 사탄의 사주를 받은 뱀이 하와에게 엄청난 사기를 친 게 시작점이오. 그 후로부터 거짓말하는 영, 사탄에 속은 수많은 사람이 인생을 망치고 육체를 망가뜨리고 영혼마저 멸망에 이른 역사를 성경 전체에서 보여주는 바가 아니겠소. 바울도 데살로니가 교회가 받은 가짜 편지를 의식하여, 데살로니가 후서를 마감하며 이렇게 자필 서명임을 강조하는군.

"나 바울은 친필로 문안하노니 이는 편지마다, 표시로서 이렇게 쓰노라"

실소失笑를 참을 수 없게 하는 말이오. 2천 년 전에도 저랬으니, 현대에는 유튜브를 통한 가짜뉴스가 판을 치고, 잠시라도 정신을 놓으면 핸드폰에 교묘하게 파고드는 보이스피싱 문자에 속기 쉬운 세상, 자칫하면 이단 사설에 얽히고, 물질적 손해는 물론, 주변인들에게 부끄러움도 당할 수 있으니 여기서 우리 자신과 영혼을 지키는 길은 데살로니가 후서를 통해 바울이 들려주는 분별에 명심해야 하지 않겠소? 여보, 우리 정신 바짝 차리고 삽시다.

사랑하는 남편으로부터

목회

디모데 목사님, 당신을 땅 위에 세워진 교회를 담임하는 모든 기독교 목사 가운데 가장 영광된 목사라 말하고 싶습니다. 기독교 최고의 지도자 바울을 스승으로 모시고 그분이 세운 에베소 교회의 담임 목사가 되어 그의 목회 코칭을 받았으니 틀린 말이 아니겠지요?.

디모데 목사님, 당신과 스승 바울의 성향이 많이 다르군요. 바울은 좀 다혈질적이고 좀 격정적입니다. 반면에 당신은 내성적인 인품으로 느껴집니다. 그런 점이 에배소 교회를 목회하기에 어떠셨나요?

저는 담임목사님을 돕는 부 교역자로 10년 세월을 살았습니다. 그때, 제 성향과 정반대의 담임 목사님을 만나서 많이 힘들었습니다. 일과를 마치고 집에 와서는 아내에게 담임목사님에 대한 불평을 늘어놓기가 일쑤였지요.

당신과 성향이 전혀 달라 보이는 바울은 자신을 예수의 핍박자, "죄인의 괴수르다"라고 서슴없이 고백하며 오직 예수의 은혜를 강조합니다. 그리고 당신을 '아들'이라고 부르며 목회자로서의 착한 양심을 강조합니다.

저는 부 교역자 시절, 저에게 "내가 죄인의 괴수"라고 직접 말씀하시는 담임목사님을 경험하지 못했습니다. 돌아보니 저도 부목사님이나 전도사님들께 하지 못한 것 같습니다. 당신은 얼마나 솔직한 스승께 배운 겁니까? 그런 당신이 그저 부럽습니다.

2장에서는 목사의 기도 생활에 대하여 강조했군요. 아무리 강조해도 지나치지 않는 말씀이지요. 그런데 왜 바울은 유독 여자 성도들이 옷을 단정하게 하라든가, 나서서 누굴 가르치거나 하지 말고 그저 조용히 하라는 거죠?

에베소라는 도시의 특징을 참고한 듯싶습니다. 다산多産의 상징으로 유방이 주렁주렁 달린 아르테미우스 여신을 대대로 섬겨온 에베소의 제사 풍습이 있고 향락과 윤락이 만연한 도시 속의 교회이다 보니, 교회 안에 있는 여성 성도들의 몸가짐이나 언행에 혹시 흐트러짐이 보일 경우, 교회가 세상을 향해 전파하는 복음의 효율성이 반감될 것을 우려했기 때문으로 저는 이해하였습니다. 오늘의 여성들이 그 역사적 배경을 안다면 바울의 본마음을 이해하리라 여겨집니다.

3장에서는 교회의 평신도 지도자를 세우는 기준들을 제시하셨는데요, 제가 속한 교단에서는 목사, 장로, 권사, 안수집사를 세우는 교회법으로 정하기도 했습니다. 그러나 저도 물론이지만 많은 교회가 그 기준들을 간과하고 교회 현실과 목사 자신의 섣부른 판단에 따라 세웠다가 혹독한 대가를 치르는 경우도 왕왕 있었습니다. '인사가 만사'라는 건, 사도 바울도 중요하게 인식했던 것 같군요.

4장으로 이어지며 교회 안의 불어닥친 부적절한 논쟁을 해결하는 방법은 목사 자신의 끊임없는 경건 훈련, 자기 관리가 답이라고 가르칩니다.

"경건에 이르도록 네 자신을 연단하라. 육체의 연단은 약간의 유익이 있으나 경건은 범사에 유익하니 금생과 내생에 약속이 있느니라. (중략) 누구든지 네 연소함을 업신여기지 못하게 하고 오직 말과 행실과 사랑과 믿음과 정절에 있어서 믿는 자에게 본이 되어 내가 이를 때까지 읽는 것과 권하는 것과 가르치는 것에 전념하라 (중략) 이것을 행함으로 네 자신과 네게 듣는 자를 구원하리라"

저도 비록 목회를 마감하는 시점이지만, 앞으로도 이점, 명심하여 목사였던 사람의 노년을 하나님 보시기에 아름답게 하겠습니다.

그런데 디모데 목사님, 교회에는 별별 사람이 있습니다. 5장에 이르러는 그 여러 가지 사정의 교인들 가운데, 특히 홀몸인 여자 성도들을 구제하거나, 냉정히 거절해야 하는 경우를, 그리고 징계하거나 상 줄 사람에 대한 편견과 차별을 없이 하라고 하셨네요. 당연하지요.

그러나 분별은 쉽지 않습니다. 실제로 현대의 목회자들 사이에 "천사처럼 목회해도 악마 같은 교인 있고, 악마처럼 목회해도 천사 같은 교인 있다"는 씁쓸한 말이 나돌 정도입니다. 그런 우리를 위해 이렇게 썼나 보군요.

"어떤 사람들의 죄는 밝히 드러나 먼저 심판에 나아가고 어떤 사람들의 죄는 그 뒤를 따르나니 이와같이 선행도 밝히 드러나고, 그렇지 아니한 것도 숨길 수 없느니라"

그리고 목사님, 당신의 건강을 염려하여 포도주를 권하는 바울의 자상함을 따라 저도 최대한 성도들을 살핀다고 했지만 그게 쉽지는 않았습니다. 지금도 누군가는 자기 사정을 몰라준 저에게 섭섭함을 가지고 있는 성도도 있겠지요. 죄송할 따름이고요. 그분을 저에게 맡기신 주님께는 용서해 달라고 회개할 따름입니다. 디모데 목사님, 31년 목회 생활을 마치는 저에게 칭찬해 달라고 말하고 싶은 하나가 있습니다. 당신의 스승이 6장에서 말씀하셨습니다.

"우리가 먹을 것과 입을 것이 있은즉 족한 줄로 알 것이니라"

바울이 그런 자세였고, 제자인 당신도 그랬을 듯싶게 여겨지는데, 저와 아내도 그런 마음으로 살았거든요. 스스로도 제가 장하게 느끼는 부분입니다. 그러다 보니, 때로는 남과 비교하여 상대적으로 초라하게 비추어진 적도 많습니다. 그래서, "돈을 사랑함이 일만 악의 뿌리가 되나니 이것을 탐내는 자들은 미혹을 받아 믿음에서 떠나 많은 근심으로써 자기를 찔렀도다"는 말씀에 의구심이 들기도 했습니다. 물질에 초연하여 청렴하게 살아도, 물질 때문에 근심은 이어졌고 그에 따라 구차한 삶이 싫어질 때도 있었거든요.

끝으로, 바울은 후배요 제자 목사인 당신에게 피할 것을 피하고 믿음의 선한 싸움을 싸우라고 명합니다. 그래서 말입니다. 이제 저도 은퇴하지만 선한 싸움까지 은퇴하는 건 아니잖아요. 위대한 스승을 모신 당신을 기억하며 제 목숨 다하도록 나는 바울의 후배, 디모데의 후배라는 점을 기억하고 믿음의 선한 싸움을 싸우다가 주님의 재림과 함께 당신의 손을 힘껏 잡겠습니다. 감사합니다.

포도원교회 당회실에서 후배 목사 이근형 올림

만추晩秋

〈프롤로그〉
복음에 미친 사람, 바울 사도님. 사랑하는 제자 디모데에게 보낸
두 번째 편지는 유서遺書인가요?
로마, 마메르티눔 감옥에 겨울이 오면
봄을 기약할 수 없어
어서 오라고, 어서 오라고,
디모데야, 겨울 전에 어서 오라고 부르셨던 당신을 상상합니다.

〈봄〉
당신에게 두 번째 감옥살이는
어머니, 외할머니 유산으로 거짓 없는 믿음 가진 디모데에게
영어囹圄의 몸인 당신을 부끄러워 말고 어서 오라고
감옥에도 죽음의 잔설殘雪 헤집고 꽃은 피는 법
계절의 주인께서 부르셨으니
배신의 칼바람에 꽃샘바람 일어도
거룩하신 영靈 가슴에 품고 아름다운 것을 지키라며
핑크빛 복음 꽃 다시 피워 보자던
그 애원은 그래도 봄이었나요

〈여름〉

임이여, 감옥에서도 당신은 태양처럼 뜨겁고 태풍 같은 힘으로

복음의 소낙비를 밤새껏 쏟아부어 영광의 물줄기가 흐르게 합니다.

천둥과 번개도 치는군요.

그들의 말은 악성 종양이 퍼져나감과 같은데 그중에 후메내오와 빌레도가 있느니라.

이윽고 감옥에서도 당신은 옥수수를 키워내는 초록빛 성장판이요,

대청마루의 깨끗한 양푼입니다.

"누구든지 이런 것에서 자기를 깨끗하게 하면 귀히 쓰는 그릇이 되어 거룩하고 주인의 쓰심에 합당하며 모든 선한 일에 준비함이 되리라"

〈가을〉

봄과 여름을 제대로 살아야 가을걷이에 기쁨이 오는 법, 허나

말세의 세류世流는 부도덕과 식은 사랑으로 쭉정이가 된 경건이

들판을 덮으리라 예언합니다.

당신의 숨차도록 옹골찼던 봄과 여름을 추억하며

성명을 키워내는 일용 양식糧食을 일깨웁니다.

"모든 성경은 하나님의 감동으로 된 것으로 교훈과 책망과 바르게 함과 의로 교육하기에 유익하니 이는 하나님의 사람으로 온전하게 하며 모든 선한 일을 행할 능력을 갖추게 하려 함이라"

그런데, 오호라 임이여

"전제와 같이 내가 벌써 부어지고 나의 떠날 시각이 가까웠도다. 나는 선한 싸움을 싸우고 나의 달려갈 길을 마치고 믿음을 지켰으니 이제 후로는 나를 위하여 의의 면류관이 예비 되었으므로 주 곧 의로우신 재판장이 그날에 내게 주실 것이며 내게만 아니라 주의 나타나심을 사모하는 모든 자에게도니라"

당신 인생에 가을이 깊었군요.

당신 발목에 추수꾼의 낫이 가까이 왔습니다.

〈만추晩秋〉
데마는 이 세상을 사랑하여 당신을 버렸고,
그레스게, 디도, 두기고와는 모두 작별하고
마가를 보고 싶어 한 당신
그를 향한 냉담을 이제는 거두시고 안아주시려는 듯.
겉옷이며 가죽 종이에 쓴 책을 가져오라 하심은
세상의 미련이 남았었을까.
아직도 할 일을 생각했을까.
브리스가, 아굴라, 오네시보로, 에라스도의 이름을 끝내 부르다가
"너는 겨울 전에 어서 오라" 하시더니
으불로, 부데, 리노, 글라우디아의 이름을 또 부르다가
최후의 한마디
"은혜가 너희와 함께 있을지어다"

〈에필로그〉
예수의 고독
예수의 공포
다 함께 지고
그 흔적 몸 깊숙이에 새기고 겨울을 향하여 당당하게 걸어가신 그대 바울,
"너는 어서 속히 내게로 오라 디모데야,
믿음 안에서 참 아들 된, 디모데야 너는 겨울 전에 어서 오라" 하시고
온 인류에게, 그리고 나에게 예수를 목숨 다해 알려준
내 영혼의 은인이여당신은 끝내 그토록 그리운 디모데를 만나셨습니까?

바울을 읽고 예수를 만난 무명 시인 올림

56. 디도서

리더

저의 영적 아버지요, 동역자로 삼아주신 바울 사도님께 하나님의 은혜와 평강이 넘치기를 기도합니다. 사도님께서 잠시 저와 함께 여기에 계시다가 떠나시면서 부족한 저를 이곳 아골 골짝 빈 들이요, 소돔 같은 그레데에 굳이 남으라고 하신 이유는 이 교회의 산적한 일들을 처리하고 장로들을 세우는 일을 맡기시기 위해서였습니다.

한 인간으로 허물할 일이 없고 한 아내의 남편이며 방탕하다는 비난을 받거나 불순종하는 일이 없이 자녀를 신앙으로 잘 양육한 사람을 장로로 세우라 하셨습니다.

또 감독은 하나님의 청지기이기 때문에 역시 책할 것이 없고 고집을 부리거나 급히 분내지 않고, 술을 마시거나 폭행하지 않고 물질적으로 깨끗한 자세를 가진 사람이어야 한다고 하셨습니다. 또 일상에서 선행을 실천하며 거룩하며 미쁜 말씀의 가르침을 그대로 실천 궁행하는 사람이어야 한다고 하셨습니다.

저도 적극 공감합니다.

사도님, 성도들 가운데에는 교회를 열심히 출석하며 교회 일에 앞장서지만, 그의 가정적으로나 사회적으로 평판이 좋지 못한 사람이 있더군요. 성도들은 교회에서 보이는 모습으로만 섣불리 판단하여 교회의 감독이나 장로의 자격이 있으려니 하지만 그러지 못한 경우가 많이 있음을 보았습니다. 그래서 교회의 중요 책임자를 세울 때, 한 번씩 고민하며 간절히 기도하게 됩니다. 사도님 말씀대로 교회의 일꾼은 믿음이 우선이지만, 사회와 가정에서 모범이 되는 인격자를 장로와 감독자로 세우고 가겠습니다. 그래서 제가 여기를 떠난 뒤에라도 참된 인격을 갖춘 장로와 감독들이 성도들을 바른 교훈으로 권면하고 거슬러 말하는 자들을 따끔하게 야단칠 수 있겠지요.

오래전부터 여기 그레데에 와서 사는 유대인들 가운데에는 하나님께 불순종하고 사람들에게 헛된 말을 하며 속이는 자가 많은데, 저더러 그들의 입을 "막으라"고 하셨습니다. 그런 자들은 더러운 이득을 취하려고 부당한 것을 가르쳐 가정들을 온통 무너뜨리는 사람들이라고 크게 염려하신 것을 보면 사도님이 얼마나 교회를 아끼시시는지 알 것 같습니다.

여기 그레데 라는 섬 지역은 어떤 시인이, "그레데 사람들은 항상 거짓말쟁이며 악한 짐승이며 배만 위하는 게으름뱅이"라고 했듯이 이곳 성도들의 믿음을 온전케 하기 위해서는 엄하게 가르쳐야 한다고 하셨습니다.

그레데의 성도들이 헬라 신화의 태양신 제우스의 고향이라는 미신적인 전통과 체질적인 부정적 모습, 그리고 허탄한 이야기와 진리를 배반하는 유대인들의 강요를 따르지 않게 하라는 사도님의 의도를 충분히 알겠습니다.

사도님,

오직 바른 교훈에 합당한 것을 말하라고 하시며 늙은 남자, 늙은 여자, 또 젊은 남자들 같은 성별과 연령에 따라 성도들을 가르치고 대하는 원칙들을 주셨습니다. 무엇보다도 저 자신이 모범을 보여야 제가 하는 말에도 설득력을 갖게 되리라는 말씀은 백번 지당하십니다.

신앙을 가진 노예들도 자기와 함께 예수님을 섬긴다는 사실 때문에 상전들에게 예의 없는 행동을 하지 말고 도리어 더욱 모든 일에 순종하여 신실성을 나타내게 하라고 하셨습니다. 예수님은 신분을 뛰어넘는 영적 구원을 주셨지만, 우리 사회의 상명하복 같은 인간관계의 기본 질서를 어긋내지는 말아야 하니까요.

그런데 사도님 "그가 우리를 대신하여 자신을 주심은 모든 불법에서 우리를 속량하시고 우리를 깨끗하게 하사 선한 일을 열심히 하는 자기 백성이 되게 하려 하심이라"는 이 말씀은 저 자신에게도 해당하는 말씀으로 여겨집니다.

저는 헬라인이요, 예수를 알지 못하고 믿지 않았습니다. 그런 저에게 예수님의 말씀을 전하셨고 사역자로 양육하셨고, 갈등과 분쟁이 심했던 고린도 교회의 문제를 해결하기 위해 저를 고린도 교회로 보내주셨고. 저는 보람스럽게도 고린도 교회와 사도님 사이에 화해를 도출해 내지 않았습니까. 사도님을 통해 제가 그런 선한 일을 열심히 했으며 또 성도들을 양육하는 주님의 백성이 되지 않았습니까.

제가 예수님을 구주로 영접할 당시에도 유대인들이 저에게 할례를 받아야 한다고 강요할 때, 사도님은 저에게 억지로 할례를 하시지 않았습니다. 예수님을 마음으로 믿어 의에 이른다고 하시며 영적인 자유를 주셨지요.

그레데 교회를 건강하게 세우기 위해 구체적인 목회 지침과 교훈들을 보내주신 사도님은 저를 단순히 심부름꾼이 아니라, 교회를 이끌어갈 중요한 지도자로 양육하셨습니다. 복음의 박토라 할 수 있는 이곳, 그레데의 사역을 맡겨주실 만큼 깊이 신뢰해 주심이 얼마나 감사한지요.

사도님,

이 세상 통치자들이 선한 일을 하도록 준비하게 하되 온유한 마음으로 할 이유는 우리들 역시 한때 죄인이었고 예수님의 은혜로 의롭다 함을 받았기 때문이라고 하셨지요. 어리석은 논쟁은 피하되 이단에 속한 사람을 멀리하라는 말씀을 다시 한번 새기겠습니다. 그리고 이제는 사도님께서 부르신 곳으로 갈 채비에 서두르겠습니다.

바울 사도님, 이제는 순적히 사도님을 만날 수 있도록 저의 여행길을 위하여 기도해 주십시오.

당신의 아들 삼아주신 제자 그레데 교회 사역자 디도 올림

57. 빌레몬서

가교 架橋

마음 깊이 존경하는 바울 사도님,

얼마 전에 우리 골로새 교회에 주신 서신으로 사도님이 우리를 얼마나 사랑히시는지 알게 하여 주시더니 이번에는 저의 남편 빌레몬 장로에게 개인 서신을 보내셨군요

"갇힌 중에서 낳은 아들 오네시모를 위하여 네게 간구하노라"

이 말씀을 읽으며 우리 부부는 깜짝 놀랐습니다. 오네시모는 그 이름의 뜻이 '유익한 사람'인데, 전혀 그 반대였거든요. 그는 우리 가정에 큰 피해를 주고 갑자기 사라졌어요. 잡으면 관청에 고발하거나 혼구녕을 내야 할 사람이었거든요. 그런데 이곳 골로새에서 어떻게 로마 감옥에 계신 사도님을 만났을까요?

더욱이 사도님은 그를 갇힌 중에서 낳은 아들이라고 하시며 그를 위하여 간구까지 하셨습니다. 본시 노예라는 사람은 우리의 재산 목록에 들 뿐인데, 그런 자를 위하여 그 비싼 종이와 먹을 사용하여 편지를 써서 인편으로 보낼 가치가 있었던가요?

마치 예수님이 십자가 앞에서 무도한 죄인들을 위하여 "저들의 죄를 용서하여 주소서"라고 기도하신 것 같았습니다.

"그가 전에는 네게 무익하였으나 이제는 나와 네게 유익하므로"

이 말씀도 예수께서 세리장이 매국노 삭개오가 회개했을 때, "이 사람도

아브라함의 자손"이라고 하시던 말씀 같습니다.

"네게 그를 돌려 보내노니 그는 내 심복이라. 그를 내게 머물러 있게 하여 내 복음을 위하여 갇힌 중에서 네 대신 나를 섬기게 하고자 하나"

아, 이미 사도님은 그를 심복으로 쓰실 정도로 완전히 새사람 되게 하셨군요. "누구든지 그리스도 안에 있으면, 새로운 피조물"이라고 고린도 교회에 하신 말씀처럼 말입니다. 예수님의 핍박자였던 당신을 부르셔서 복음의 심복으로 사용하시는 예수님을 참 많이도 닮으셨군요. 그러나,

"다만 네 승낙이 없이는 내가 아무것도 하기를 원하지 아니하노니 이는 너의 선한 일이 억지같이 되지 아니하고 자의로 되게 하려 함이라"

이토록 정중하게 당부하시는데 어찌 거부할 수 있겠습니까? 남편의 인품으로 볼 때, 흔쾌히 수락할 사람이지만, 혹여라도 거부 의사를 보일진대, 아내인 저 압비아가 사도님과 남편, 오네시모와 남편 사이에 가교가 되어 원활하게 하겠으니 염려하지 마세요.

"이후로는 종과 같이 대하지 아니하고 종 이상으로 곧 사랑받는 형제로 둘 자라 내게 특별히 그러하거든 하물며 육신과 주 안에서 상관된 네게랴"

알겠습니다. 앞으로 오네시모의 상전이 아니라 주님 안에서 형제와 같은 자세로 대하겠습니다.

"그러므로 네가 나를 동역자로 알진대 그를 영접하기를 내게 하듯 하고"

예수님도 제자들에게 "이제부터는 너희를 종이라 하지 아니하리니 종은 주인이 하는 것을 알지 못함이라 너희를 친구라 하였노니"라고 하셨는데 어찌 우리가 달리 생각하겠습니까. 그가 여기 온다면, 사도님의 동역자로서 그를 반가이 맞이하겠습니다.

"그가 만일 네게 불의를 하였거나 네게 빚진 것이 있으면 그것을 내 앞으로 계산하라 나 바울이 친필로 쓰노니 내가 갚으려니와 네가 이 외에 네 자신이 내게 빚진 것은 내가 말하지 아니하노라"

바울 사도님, 우리가 저지른 불의에 대하여 예수님이 대속물이 되셔서 십

자가에 죽으심으로 하나님께 모든 죗값을 치르신 것과 똑같이 하시는군요. 마음이 뜨거워져 옵니다. 사도님의 마음이야 그러하시지만, 우리가 오네시모의 일로 사도님께 감히 어떤, 무엇을 달라고 요구하겠습니까? 우리 가족은 사도님께 영원한 복음의 빚쟁이 아닙니까?

사도님,

"오 형제여 나로 주 안에서 너로 말미암아 기쁨을 얻게 하고 내 마음이 그리스도 안에서 평안하게 하라. 나는 네가 순종할 것을 확신하므로 네게 썼노니 네가 내가 말한 것보다 더 행할 줄을 아노라"고 하셨습니다.

사도님, 여부 있겠습니까? 오네시모는 그의 이름이 뜻하는 바대로 '유익한 사람'이 되어 당신의 동역자가 되었습니다. 말씀대로, 우리는 이미 오네시모를 마음으로부터 용서했지요. 그가 여기에 오면, 모든 허물을 덮고 형제로 맞이하고 사도님께 보내드리겠습니다.

그리고 "오직 너는 나를 위하여 숙소를 마련하라. 너희 기도로 내가 너희에게 나아갈 수 있기를 바라노라"고 하신 것도 염려 마세요. 사도님을 위한 숙소도 제가 성심껏 깨끗하게 준비하겠고 사도님을 위한 기도도 잊지 않겠습니다

사도님이 오네시모와 우리 사이에 가교가 되셔서 완전한 화평을 이루셨듯이 예수님은 죄인 된 우리와 하나님 사이에 가교가 되셨지요. 저도 남편 빌레몬과 사도님, 그리고 오네시모 사이의 연결 다리가 되겠습니다.

사도님, 주님 안에서 사랑합니다. 옥중에서지만, 거기에서도 예수님의 은혜가 언제나 임하시기를 기도하겠습니다. 샬롬.

빌레몬의 아내 압비아 드림

58. 히브리서

호소

친구 딸에게.

네가 오래전부터 영적 세계에 관심이 없어진 걸 보며 평생 목사로 살아온 아빠의 오랜 친구로 마음이 짠하여 너를 이 땅에 보내신 하나님께 기도하는 마음으로 쓴다. 너를 생각하며 신약성경 히브리서를 읽었다. 이름을 밝히지 않은 그 집필자의 마음도 아마 지금 너의 아빠나 나와 똑같은, 아니, 우리보다 훨씬 더 안타까운 마음이 아닐까 싶어서지.

집필자가 히브리서를 쓰던 당시, 히브리 민족이, 같은 히브리 혈통을 타고 오신 예수님을 영접했지만, 당시 로마의 콜로세움에서 짐승과 싸워야 하는 핍박을 견디지 못하고 하나둘씩 예수님을 저버리고 있었지.

그걸 보고 간곡하게 호소하는 마음은 눈에 넣어도 아플 것 같지 않은 딸을 보는 네 아빠의 안타까움과 완전히 맞닿아 있더구나. 너의 아빠가 평생을 목사로 살았지만, 정작 자신의 딸이 예수님과 멀어진 모습을 보는 마음을 너는 짐작할 수 있겠니? 그러나 그는 나약한 감성에 치우침 없이 성도들이 예수를 떠나지 말아야 할 당위성을 차분하고도 힘찬 어조로 전하는 게 문체의 특징이란다. 첫 장부터 예수 그리스도의 우월성을 히브리인의 정서에 맞게 역설했어.

먼저, 하나님은 예수 그리스도를 통하여 세상을 창조하셨다는 점을 강조하면서, 히브리인들이 존숭尊崇하는 천사, 모세, 대제사장, 아브라함, 평화의 왕 멜기세덱, 예루살렘 성전, 이런 것들보다 예수 그리스도는 비교할 수 없을 정도로 뛰어난 존재자이심을 강조한단다.

내 사랑하는 친구 딸에게 묻고 싶다. 너를 돕는 천사 같은 존재가 있니? 모세같이 너의 삶을 리드하는 존재는? 히브리인의 대제사장같이 네가 절대 의존하고픈 누가 있을까. 있다면 그는 과연 예수님 같을까. 너는 어쩌면 시큰둥한 표정으로 '글쎄요, 예수님이 나에게 해 준 게 뭔데요? 목사의 딸로 태어나, 어렸을 때부터, 남의 눈치 보며 가난하게 산 건가요?' 할지도 모르겠구나. 네가 예수님을 피부로 경험했다고 할만한 것이 별로 생각나지 않았을 테니까.

근데 딸아, 앨범을 뒤져보면 추억이 보이는 것처럼, 히브리서는 네가 경험을 이미 했지만, 잊고 지나친 사실을 일깨우고 있어. 앨범 속 초딩 시절의 사진처럼 우리는 예수님의 사랑을 경험했지만, 잊고 있었음을.

옛날 유대 히브리 사람들은 죄를 씻기 위해 날마다 제물을 드리고, 제사장에게 가서 죄를 고백하는 일을 평생에 걸쳐 반복해야 했지만, 예수님은 자신이 친히 제물이 되셨고, 그 구속救贖의 기억을 되살려주는 앨범의 증명사진이 십자가라는 거야. 그러나 히브리인들은 그 사실 때문에, 로마의 핍박자에게 목숨이 걸린 고초를 겪으면서 점점 예수는 '희미한 옛사랑의 그림자'가 되었거나, 배교자, 나아가 밀고자까지 되었지. 히브리서 집필자가 가장 안타까워하는 지점이 바로 그거였어. 신앙이 깊어 보이는 사람들도 고통에 직면하다 보면 그런 회의감에 빠지는 적이 한두 번이 아니란다. 심지어 너의 아빠도 나도 그랬던 적이 있으니까. 사람들은 자신의 나약함을 알기는 해. 그래서 사회 규범이나 법질서에 의지하여 자신을 묶어보려 하지만 쉬운 게 아니더라. 자꾸 무너지지. 히브리 유대인들도 마찬가지였어. 하나님이 그들에게 주신 율법이라는 게 있거든. 근데 율법은 거울처럼 얼굴을 비추어 확인해 줄 뿐, 얼굴을 씻어주지는 않듯, 율법이 인간의 죄를 보여주기는 하지만 용서의 능력은 없어.

그래서 하나님은 예수님을 하나님의 메시지 전달자인 선지자로, 인간을 사랑으로 다스리는 왕으로, 하나님과 인간의 가교架橋인 제사장으로 보내셨고 나아가 그 완벽 무죄 상태로 인간 구원을 위한 희생물이 되게 하셨지. 이걸 믿느냐 아니냐가 정말 중요했어.

참, 믿음이란 무얼까. 히브리서 집필자는 이렇게 말해.

"믿음은 바라는 것들의 실상이요 보이지 않는 것들의 증거니 선진들이 이로써 증거를 얻었느니라"

증거를 보고 믿는 게 아니라, 믿음으로 증거를 본다는 것이지. 좀 어렵나? 사람들은 '아는 것이 힘'이라고 하지만, '모르는 게 약'이라는 말도 하잖아. 믿음이란 대단한 힘이 있더라. 사람들은 과학을 믿지. 그런데 과학을 증명하고 믿나? 아니지. 그냥 믿고 과학을 의지해. 미신未信에 대한 생각도 그래. 그냥 믿고 의지하더라. 그래서 점을 보고, 오늘의 운세나 타로점을 치고, 부적을 사서 평안을 찾지. 결국, '아는 것이 힘'이 아니라, '믿음이 곧 힘'이지. 그런데 가장 중요한 건 믿음의 방향이야.

"믿음으로 모든 세계가 하나님의 말씀으로 지어진 줄을 우리가 아나니 보이는 것은 나타난 것으로 말미암아 된 것이 아니니라. 하나님께 나아가는 자는 반드시 그가 계신 것과 또한 그가 자기를 찾는 자들에게 상 주시는 이심을 믿어야 할지니라"

히브리서가 하는 말은 믿음의 방향을 하나님, 곧 예수 그리스도께 해야 함을 설파해. 거기에는 진정한 상이 따른다고 말이야. 히브리서는 결론적으로 이렇게 말해.

"예수도 자기 피로써 백성을 거룩하게 하려고 성문 밖에서 고난을 받으셨느니라. 그런즉 우리도 그의 치욕을 짊어지고 영문 밖으로 그에게 나아가자"

내 친구의 사랑하는 딸아. 네가 결혼하던 날, 목사인 아빠 곁을 떠나면서, 아빠와 포옹하며 눈시울이 붉어졌던 네가 생각 난다. 날이 이렇게도 더운데, "딸을 생각하면 여름에도 춥다"고 말했던 아빠도 떠오른다. 너의 현실이 힘든 것 알아. 그러나 네 아빠가 너를 아는 것보다 예수께서 너를 더 잘 알고 계심을 믿자. 그 믿음을 가지고 힘찬 마라토너가 상을 받기 위하여 젖 먹던 힘을 다해 달려가듯이 그분께 달려가지 않을래? 안녕.

너를 위해 기도하는 아빠 친구가

신행 信行

야고보 사도님,

당신이 쓰신 서신을 찬찬히 읽고 제 평생의 목회에 이 서신을 너무나 홀대했다는 자책이 들었습니다. 요즘 우리 사회에 교회 다니다가 실망한 사람들이, "예수님은 사랑하는데, 교회는 싫다"는 변명 같은 말을 하며 어느 교회에도 출석하지 않고 그저 마음으로만 믿겠다며 '나 홀로 신앙'을 선택하는 성도가 많습니다. 그런 사람들을 가리켜 교회에 "안 나가"는 성도라는 뜻으로 "안 나가"를 거꾸로 하여 "가나안" 성도라 칭합니다.

저뿐 아니라 세상의 목회자들이 야고보 사도님의 서신을 지속적으로 강조하며 가르쳤다면 가나안 성도를 양산하지는 않았겠지요. 그리고 교회는 훨씬 더 건강했을 것이라는 생각에 이제라도 많은 목회자에게 이 서신의 중요성을 알려주고 싶습니다. 예수님의 아우로 알려진 야고보 사도님, 초대 예루살렘 교회의 수장이 되셨고, 핍박으로 흩어진 '디아스포라'라고 하는 온 세계에 흩어져 사는 유대인 성도들에게 교회 안에서 어떻게 신앙을 실천할 것인가를 구체적으로 가르치신 내용을 보니 마치 망망대해를 항해하는 배에서 나침반을 보는 것 같습니다. 야고보서를 누군가는 '신약의 잠언'이라고도 하고, 또 '가장 구약적인 성도에게 가장 신약적인 교훈을 준 서신'이라고 하던데, 꼭 들어맞는 정의定意라 여겨졌습니다.

사도님의 서신은 구약의 잠언처럼 마디마디가 끊어진 것 같지만 자세히 보면, 문장과 문장 사이에 연결성이 느껴집니다.

처음에 개인이 겪는 여러 가지 시험에 관한 자세를 언급하고 이어서 지혜를 의심 없이 구하라는 말씀에 이어, "욕심이 잉태한즉 죄를 낳고 죄가 장성한즉 사망을 낳느니라"와 같은 경구驚句와 분노 다스리는 방법 같은, 내면의 문제를 가르치십니다. 이어서 자연스럽게 타인과의 관계로 넘어가 교회에서 빈부를 차별하지 말 것, 가난한 자에게 긍휼을 베풀 것으로 이어지고, 사도님의 핵심 교훈이 이어집니다.

"영혼 없는 몸이 죽은 것 같이 행함이 없는 믿음은 죽은 것이니라"

야고보 사도님, 자랑 같지만, 그래도 제 목회 생활 31년 가운데 아름다운 추억들이 있습니다. 교회를 개척한 지 얼마 안 되어, 썰렁한 예배당에 교회당을 기웃거리는 어린 학생들, 그들은 조실부모했거나, 가정문제로 학교를 못 가는 소년들이었습니다. 그들에게 친구가 되어주고, 부모 같은 따뜻한 시간을 나누었던 기억입니다.

드 교회 개척 3년 정도 되었을 때, 교회 앞에는 노숙자 할아버지가 사셨습니다. 아내는 술 내음에 절어있는 그의 영혼을 구하려는 마음으로 전도하여 예배에 참석하게 했습니다. 그분이 교회에 들어오면, 지린내와 술 냄새가 예배당에 퍼졌지만, 성도들은 말없이 예배 시간을 잘 견디어주었습니다. 그 할아버지를 우리 교회에서 따뜻이 대해 드렸고 성도님이 노환으로 운명하시는 순간, 그분의 임종을 위해 기도하는 제 손을 잡으신 채로 돌아가셨지요. 자그마한 우리 교회당에 빈소를 차리고 저는 그 성도님의 장례식을 교회장으로 정중하게 집례했답니다. 성령의 맑은 빛이 다가오는 따스한 순간이었습니다. 저는 그때의 일을 '나사로의 장례식'으로 추억 속에 새겨 두었습니다. 아쉬운 것은 그런 일들이 그때로 끝나고 말았다는 것이지요.

목사들이 설교 시간에 사용하는 씁쓸한 예화가 있습니다. 한 성도가, 천국과 지옥을 보았답니다. 천국의 한쪽에 사람의 몸체는 없이 입과 귀만 모여 있는 것 같아서 천사에게 이유를 물었더니 이렇게 대답했다지요.

"사람들이 세상에서 좋은 말을 하고 좋은 설교를 너무 많이 들어서 입과 귀는 천국에 왔는데, 말한 대로 들은 대로 살지 않은 손과 발들은 저 지옥에 왔다"

믿음의 실천이 없는 우리들의 부끄러운 자화상입니다. 사도님의 서신을 충분히 교육하고 실천했다면 이런 예화는 생기지 않았겠죠? 그리고 언행에 특히 주의하기 위하여 혀를 길들이고, 시기와 다툼을 멀리하라는 관계의 실질적 코칭과 정욕의 문제를 다스리기 위하여 마귀를 대적하고 하나님께 가까이하는 삶의 패턴, 그리고 아침 안개 같은 인생의 허무함 속에 어떻게 물질을 바라보며, 어떤 자세로 이웃을 보아야 하는가를 이렇게 가르치셨습니다.

"너희 중에 지혜와 총명이 있는 자가 누구냐 그는 선행으로 말미암아 지혜의 온유함으로 그 행함을 보일지니라"

성경을 연구하는 학자들은, 사도님의 서신이 평온하고 안정적인 생활을 하는 디아스포라 성도를 향한 것이라고 합니다. 고통 속에서 신앙 지키는 것도 중요하지만 평안함 속에서 믿음을 실천하는 것도 자신을 웬만큼 절제하지 않으면 어려운 일이지요.

"그러므로 사람이 선을 행할 줄 알고도 행하지 아니하면 죄니라"

두렵기까지 한 이 말씀을 그냥 넘길 수 없습니다. 야고보서가 기록된 지 2천 년이 지난 지금은 사람들의 삶이 상상할 수 없을 만큼 편해졌습니다. 그렇다고 해서 인간의 고통과 아픔, 갈등과 죽음이 없어진 건 아니기에 서로를 위하여 간절히 기도하라는 사도님의 코칭을 실천해야 하겠습니다.

병든 자는 교회의 리더들에게 기도를 부탁하고 서로를 위하여 최선을 다하여 기도하라고 하셨지요. 믿음의 기도는 병든 자를 일으키시리라는 말씀 따라 저도 최소한 목사의 사명으로 성도들을 위하여 열심 다해 기도하여 주기를 실천하겠습니다.

야고보 사도님. 예수님을 믿어 이미 구원 얻은 우리가 이 세상을 살면서 천국의 백성답게 믿음을 몸으로 실천하며, 저 높은 곳을 향하여 날마다 나아가겠습니다.

예수 그리스도가 주인 된 대한민국의 디아스포라 교회 목사 올림

60. 베드로 전서

반석

대大 사도 베드로여!

당신은 시몬, 흔들리는 사람
예수께서 부르실 때, 배와 그물 버려두고 아비 집 떠나셨지
당신은 베드로, 굳센 바위
"주는 그리스도시요, 살아계신 하나님의 아들"이라 담대히 고백했지
열두 제자 앞장서서 내달리다
넘어지고 일어섰다, 흔들렸지

여기는
지하 동굴 작은 숨소리로 찬송하는
본도, 갈라디아, 갑바도기아, 아시아와 비두니아.
주께서 택한 백성 되어
당신 편지 받았네

산 소망 간직하고,
네로(Nero)의 용광로, 콜로세움의 격투
모두 견딘 금쪽 믿음으로
풀이 누리는 꽃의 영화보다

시들지 않는 거룩한 모유母乳 사모하라고.
우리는
선택받은 민족, 왕 같은 제사장, 하늘에 소속되어
지구촌에 표류하는 나그네일지언정
채찍 맞은 예수 피, 흘린 그 등짝으로
치유 받은 몸
애매한 고난일랑 그를 생각하며 이기라 하네

아내여, 그대 속사람을 더 어여삐 하라
남편이여, 깨어지기 쉬운 그릇, 아내를 아껴라
의를 위해 죄 없이 맞는 매로
예수 상흔傷痕 새기라 하네.

불신 시절 추한 시간은 그저 옛일
만물의 마지막이니
정욕 따위 모두 버리고
후회 없이, 불같이, 원망 없이,
서로가 착한 노예 되어
사랑하라, 사랑하라,
허다한 허물 덮어버리며
예수를 위한 고난으로 웃으라 하네
장로는 기쁨으로 다스려 본을 보이고
젊은이는 겸손으로 허리 동이며
그가 돌보시니
모든 염려 맡기라 하네

먹이 찾아 울부짖는 사자 같은 마귀 떼
근신하여, 깨어있어 대적하라네
그분 권능 세세 무궁하도록
흔들리지 말라 하네
반석 되라네

시몬 베드로,
당신은 흔들바위
흔들리되 구르지 않는 영원한 반석

그날의 네로는 가마솥 나의 내면內面
서신 송신처送信處 바벨론은 오늘 나의 현주소.
칼바람에 흔들리며 들꽃 피어나듯
흔들리되
나,
굴러떨어지지 않는 영원의 바위 되리라

주후 2025년의 바벨론에서 무명 수신자

충성

나무와 풀이 놀려대고
바람 거세도
걸음 더디고
하늘 보이지 않을지라도
나,
하늘만 향하리라

주의 注意

베드로 선배님,

선배님이 로마의 네로 박해 시대 감옥에서 처형당할 날이 가까운 것을 느끼고, 비장한 마음으로 쓰신 베드로 후서를 잘 읽었습니다. 서신의 첫 부분에서 선배님은 "하나님과 우리 주 예수를 앎으로" "우리를 부르신 이를 앎으로" "우리 주 예수 그리스도를 알기에" "알고 이미 있는 진리에 서 있으나" "너희에게 알게 한 것이" 등의 "알다" 라는 단어를 많이 사용하심에 놀랐습니다.

또 진리 말씀을 제대로 "알아야" 할 것을, "내가 항상 너희에게 생각나게" "생각나게 함이 옳은 줄로 여기노니" "생각나게 하려 하노라"라는 간절함이 생명의 촌각寸刻에 있는 순간까지 사도님께 중요한 문제였고, 그것이 선배님의 유서 같은 마지막 서신을 쓰게 된 것임도 알았습니다.

"믿음에 덕을, 덕에 지식을, 지식에 절제를, 절제에 인내를, 인내에 경건을, 경건에 형제 우애를, 형제 우애에 사랑을 더하라"고 하시며 선배님이 계신 감옥에서 전하는 당부의 가장 큰 목적은 영혼을 향한 사랑임을 전제하셨습니다.

선배님, 당신은 예수님의 황홀경을 직접 목도目睹한 적이 있지요? 예수님의 제자로 3년 동안을 그림자처럼 따라다니던 어느 날, '변화산'이라 이름 지어진 다볼산에서, 예수님이 모세와 엘리야와 더불어 광채 나는 모양으로 변형되시어 대화하시는 신비의 장면 말입니다. 그 현장에서, "이는 내 사랑하는 아들이요 내 기뻐하는 자라" 하시는 하늘의 음성이 들려졌던 때를 떠 올리시며 그럼에도 불구하고 "또 우리에게는 더 확실한 예언이 있어 어두운 데를 비추는 등불과 같으니 날이 새어 샛별이 너희 마음에 떠오르기까지 너희가 이것을 주의하는 것이 옳으니라. 먼저 알 것은 성경의 모든 예언은 사사로이 풀 것이 아니니 예언은 언제든지 사람의 뜻으로 낸 것이 아니요 오직 성령의 감동하심을 받은 사람들이 하나님께 받아 말한 것임이라"라며, 신비로운 체험보다 "더 확실한 예언", "성령의 감동하심으로 하나님께 받아 말한 것" 즉, 성경 말씀이 더욱 중요함을 강조하셨습니다.

그런데 거짓 선지자, 거짓 선생들이 일어나, 성경을 사사로이 풀며 이득의 도구로 삼는 이단을 가만히 끌어들이는 작태가 생겨날 것을 주의하라고 하시며 하나님은 범죄한 천사들을 용서하지 않거나, 소돔과 고모라 성을 심판하셨음을 상기시키셨습니다. 말씀을 왜곡하여 사욕을 취하는 이단자들은 이렇다고 하셨지요.

"특별히 육체를 따라 더러운 정욕 가운데서 행하며 당돌하고 이 사람들은 본래 잡혀 죽기 위하여 난 이성 없는 짐승 같아서 낮에 즐기고 노는 것을 기쁘게 여기는 자, 속임수로 즐기고 놀며 음심이 가득한 눈을 가지고 범죄 하기를 그치지 아니하고 굳세지 못한 영혼들을 유혹하며 탐욕에 연단된 마음을 가진 자들이니 저주의 자식이라"

놀랍게도 이 예언은 오늘날 대한민국에, JMS라고 하는 이단 수괴를 활동사진처럼 보여주었습니다. 뿐인가요? 순 한국산 토종 이단, 안상홍, 문선명, 박태선 이런 자들은 죽고 없지만, 신옥주, 이만희, 한학자 같은 자들이 저주받을 행동을 서슴없이 자행하며 수많은 사람을 혹세무민惑世誣民하고 있습니다.

이런 궤휼에 빠지지 말라고 이 엄중한 사실을 생각나게 하고 기억하게 하시려 감옥에서 디아스포라 성도들에게 주의注意를 주신 선배님, 제가 감히 예수님의 직계 제자요, 대 사도님을 '선배'라 호칭하는 까닭은 이단에 대한 공감 때문입니다.

최근, 제가 한 중년 여성을 거리에서 만났습니다. 그 여성은 우리 교회에 관심을 가진 듯, 제가 안내하는 교회 행사에 미소 띤 표정과 선물을 들고 두어 번 참석했습니다. 그리던 중 대화 끝에 그 여성이 이만희 교주의 '신천지' 이단에 속한 성도라는 걸 알았습니다. 순박한 성도들의 영혼을 망칠 계획으로 그랬던 것입니다. 즉시 연락을 차단하여 별 탈은 없었지만, 소름 끼치는 일이 벌어질 뻔 했습니다.

선배님의 시대에 영지주의가 설파하는 이분법적 궤변이 성도들의 깨끗한 영혼을 어지럽게 하였듯, 양洋의 동서나, 시대의 고금古今을 막론하고 어둠의 자손들이 지금, 여기에도 활개 치고 있습니다. 그런 염려로, 우리 교회 현관에 "신천지 출입금지" 표지판을 붙여 놓고 있어야 할 정도이니까요.

그러기에 선배님, 우리들의 존경하는 사도님,

이 혼탁하고 어지러운 세속의 잡설과 악한 영들이 판치는 이 세상에서도 선배이신 대 사도님이 우리에게 '기억하고' '생각나게' 하신 "주의"가 있었기에 오늘까지 건전한 신앙생활을 할 수 있었습니다.

선배님의 말씀대로, "하루가 천년 같고, 천년이 하루 같은" 주님의 시간을 생각하면, 선배님을 뵐 사간도 이제 임박했습니다. 세상 사람 모두가 회개하기를 기다리는 하나님 은혜의 시간에 살고 있기에, "우리는 그의 약속대로 의가 있는 곳인 새 하늘과 새 땅을 바라보도다"라고 하신 소망을 우리 것으로 삼으렵니다.

다시 한번 큰절 올리며 감사드립니다

"하루가 천년 같고, 천년이 하루 같은" 주님의 시간을 살고 있는
디아스포라의 후배 목사 올림

62. 요한 일서

우리

당신은 누구십니까?

제가 이 글을 쓰기 전, 당연히 요한 일서의 기록자는 예수님의 제자 요한이려니 했지요. 근데 본문을 읽어보니 기록자의 이름이 없군요. 나도 참, 성경을 무심하게도 읽었구나 싶어 부끄러웠습니다.

그나마 연구자들이, 예수님의 열두 제자 중 세베대의 아들 요한이거나, 예수님의 초기 제자 중 장로 요한으로 알려진 인물, 그중의 하나일 거라는 주장에 막연했지만 제 추측이 맞았던 것 같아 그나마 위로가 되었습니다.

아무튼, 요한 일서는 "태초부터 있는 생명의 말씀"이 하나님 아버지와 함께 계시다가 인간 세상에 나타났는데 그를 직접 듣고, 보고, 만지며 체험한 당신이 '너희'라고 지칭한 불특정 다수의 공동체에 보낸 글입니다. 발신자도 수신자도 불명확한 서신입니다.

메시지는 분명합니다. "하나님은 빛이시라 그에게는 어둠이 조금도 없으시다는 것이니라"고 하시는데, 당신이 '우리'라고 칭하는 공동체가 빛 되신 하나님을 경험했으니, 빛 되신 하나님께 나아가 그분과 사귀며 죄를 고백하여 예수님의 피로 깨끗함을 받으라 하십니다.

그 구체적인 삶의 방식은 예수님이 가르치신 새 계명, 즉 예수님이 우리를 사랑하신 것 같이 서로를 사랑하는 것이라고 하셨습니다. 서로를 사랑하는 것은 그 자체가 빛 안에 사는 것임을 강조하셨습니다.

그런데 하나님과 우리 사이를 이간하는 적이 출현했다는 것입니다.

“거짓말하는 자가 누구냐 예수께서 그리스도이심을 부인하는 자가 아니냐 아버지와 아들을 부인하는 그가 적그리스도니 아들을 부인하는 자에게는 또한 아버지가 없으되 아들을 시인하는 자에게는 아버지도 있느니라”

하나님과 예수님을 떼어서 생각하고, 예수와 그리스도를 분리해야 한다고 주장하는 자들을 “적그리스도”라 단언하고 그들에게는 아버지 하나님도, 예수도 그리스도도 없으니 결국, 그런 지옥 자식의 그 미혹에 넘어가지 말라고 하셨습니다.

당신의 시대에 가장 큰 대적 영지주의가 성행했지요. "지식"을 의미하는 그리스어 '그노시스(Gnosis)' 이단은 특정한 영적 지식을 가진 소수만이 구원받을 수 있다고 주장하고, 물질세계를 악한 존재가 창조한 것으로 보며, 인간의 육체 역시 악한 것으로 간주하고, 영혼은 모두가 선한데 악한 육체에 갇혀있다는 궤변,

또 인간의 구원이 예수님의 십자가 대속으로 얻어지는 것이 아니라, 비밀스러운 영적 지식, 즉 '그노시스(Gnosis)'를 깨달음으로써 가능하다고 강변했습니다.

육체를 악한 것으로 보았기 때문에, 예수가 단지 인간의 모습처럼 보였을 뿐이고 예수의 고난과 죽음도 실재가 아닌 환상에 불과하다는 궤변을 늘어놓았습니다. 그래서 육체가 아무리 죄를 지어도 영혼에는 영향을 미치지 않는다고 믿어 방종과 쾌락을 추구했던 이단입니다.

당신과 함께 사역했던 지도자들은 얼마나 안타깝고, 분했으며 또 얼마나 긴장되었을까를 생각합니다. 그 감언이설을 극복하는 길은 사랑밖엔 없었겠고요.

“그가 우리를 위하여 목숨을 버리셨으니 우리가 이로써 사랑을 알고 우리도 형제들을 위하여 목숨을 버리는 것이 마땅하니라. 누가 이 세상의 재물을 가지고 형제의 궁핍함을 보고도 도와 줄 마음을 닫으면 하나님의 사랑이 어찌 그 속에 거하겠느냐? 자녀들아 우리가 말과 혀로만 사랑하지 말고 행함과 진실함으로 하자”

사도님은 성도 공동체의 사랑을 얼마나 중요하고 간절하게 생각했기에, 다섯 장의 짧은 분량의 서신에 "우리"라는 단어를 무려 100번이나 사용했을까요. 소름이 돋습니다. 그 공동체는 빛이신 하나님 안에서 사귀고 나누며, 거짓 고리의 적그리스도를 배척하며 서로 사랑할 때, 죄의 세력은 '우리' 영혼에 손도 대지 못하리라는 확신을 주셨습니다.

현대를 살며 당신의 글을 읽은 '우리'도 빛이신 하나님 안에서, 하나님과 본체이신 구원자 예수 그리스도 안에서, 성령으로 하나 되어, 더욱 사랑하며 살겠습니다.

예수님의 제자 요한으로 추측되는 요한 일서의 집필자 사도님, 제 인생을 요한 일서에 비추어봅니다. 저의 결혼식에서 한 형제가 축가로 불러준 성가는 요한 일서의 말씀을 가사로 한 것입니다.

사랑하는 자들아 우리가 서로 사랑하자.
사랑은 하나님께 속한 것이니
사랑하는 자마다 하나님께로 났도다.
독생자를 세상에 보내심은
우리를 살리게 하시려 화목제로 보내셨도다.
화목제로 보냈도다.
사랑하는 자들아 서로 사랑하자.
사랑은 하나님께 속한 것이니-
서로 사랑하면- 서로 사랑하면
주께서 우리 안에 거하시리로다
(복음성가, 김두완 작곡 〈서로 사랑하자〉 가사)

그런데, 남편으로서 아내를, 목사로서 성도를, 아비로서 자녀를, 내 주변의 사람들을 사랑하며 살아왔는지 부끄럽습니다. 그러기에 새삼스러운 다짐을 하였습니다. 더 많이 사랑해야 하겠다고요. 감사드립니다. 사도님.

'우리' 가운데 있는 진리의 사수자 드림

명심 銘心

주님 안에서 가장 존경하고 사랑하는 장로님,
저희 가정과 교회를 축복하시니 감사합니다.
언제나 장로님은 주님께서 주신 새 계명을 잊지 않으시는군요.
예수님께서 잡히시던 밤,
제자들의 발을 씻으시고 유월절 만찬을 나누시며
"새 계명을 너희에게 주노니 서로 사랑하라
내가 너희를 사랑한 것 같이 너희도 서로 사랑하라
너희가 서로 사랑하면 이로써 모든 사람이 너희가 내 제자인 줄 알리라"
말씀하셨지요. 기억하고 있어요. 진리는 사랑이고 계명도 사랑이잖아요.

그런데, 장로님.
미혹하는 자
예수 그리스도께서 육체로 오심을 부인하는 자는 적그리스도라고
우리가 잘 알고 있기에 스스로 삼가서 장로님께서 애써 가르쳐주신 진리를
잘 간수 하여 주님께서 준비하신 온전한 상을 받아야지요, 암요.
지나쳐 그리스도의 교훈 안에 거하지 아니하는 자는
누구나 하나님을 모시지 못하지만,
오직 교훈 안에 거하는 그는 아버지와 아들을 모신다는 말씀
지금도 명심하고 있어요.

누구든지 장로님이 가르치신
"예수는 그리스도, 하나님의 아들, 그분만이 우리 구원자, 영생의 주인"
이라는 진리의 교훈을 반대하며
하나님과 예수님을 분리하고 궤변을 일삼으며 쾌락으로 이끄는
영지주의나 헛된 사상 따위를 가지고 다니며
순회전도자 시늉의 나그네 차림으로
감히 우리 집에 들어오기를 요청한다면
집에 들이지도 않을 뿐 아니라, 인사도 하지 않겠습니다.
그에게 인사하는 자는 그 악한 일에 참여하는 것이니까요.

장로님, 걱정하지 마세요.
오직, 장로님께도
은혜와 긍휼과 평강이 하나님 아버지와 아버지의 아들 예수 그리스도께로부터 진리와 사랑 가운데서 장로님께 있으시기를 간절히 기도드립니다.

장로님이 아끼시는 가정 교회 부녀 올림

먹이를 향하여

잔꾀를 부려?
주먹 휘둘려?
ㅎㅎㅎ
다아 보고 있다
솔바람에
맡겨 봐

환대

존경하는 장로님.

제 영혼과 육신의 강건함, 그리고 모든 일이 잘되기를 간구하심에 감사드립니다. 두고두고 새길 사랑의 간구입니다.

얼마 전, 장로님의 동료인 순회전도자들이 저의 가정에 다녀가신 후 장로님께 저의 환대에 대하여 좋은 말씀을 전해주셨다니 저도 큰 영광입니다. 그저 주님의 은혜일 뿐입니다. 장로님은 저희들이 진리 안에서 행한다는 말을 전해 듣는 것보다 더 기쁜 일이 없으시겠죠.

장로님 말씀대로, 순회전도자님들을 영접하고 전송하는 일은 도리어 우리에게도 큰 보람이요, 기쁨입니다. 사실, 그분들이 주의 이름을 위하여 나가서 이방인에게 아무것도 받지 않으시고 다니신다니 그 수고가 얼마나 크시겠습니까, 얼마나 노고가 많으시겠습니까. 저희가 당연히 잘 모셔드려야 하겠지요. 그렇게 하여드릴 때, 우리도 진리 전파를 위한 동역자로 삼아주실 것 아닙니까?

그런데, 참 안타깝군요, 장로님.

모든 일에 나서기 좋아하고 권위주의적인, 좀 오만한 성도 디오드레베가 장로님 일행을 맞아들이지 않았다고요?

“그러므로 내가 가면 그 행한 일을 잊지 아니하리라 그가 악한 말로 우리를 비방하고도 오히려 부족하여 형제들을 맞아들이지도 아니하고 맞아들이고자 하는 자를 금하여 교회에서 내쫓는도다”

장로님, 얼마나 언짢으셨습니까? 예수님을 믿었고, 하늘의 백성이 되었다고는 했지만, 옛사람의 오만함을 버리지 못한 성도들은 디오드레베 만이 아닌 걸 자주 봅니다.

사랑하는 장로님, 악한 것을 본받지 말고 선한 것을 본받아 그 선행으로 하나님께 속하고 악을 행하는 자는 하나님을 뵈옵지 못하리라고 하셨는데, 데메드리오 성도를 예로 말씀하신 장로님의 충고를 명심하겠습니다.

존경하는 장로님,
속히 보기를 바란다고 하시니 우리가 대면하여 말씀을 나눌 수 있겠지요. 장로님의 안부를 우리 성도들에게 잘 전하겠습니다. 저도 장로님을 속히 뵙기를 바라며 장로님의 평강을 위해 기도하겠습니다.

가이오 올림

초대

누구 없나요
내가 받은 하늘 복
나눠 드실 분
수저 한 번에
눈물 씻을 분

65. 유다서

분기 奮起

유다 사도님,

당신의 서신을 보니 무슨 말씀을 하시는지, 뜻은 알겠는데 단 두 글자로 요약하는데 시간이 좀 걸렸습니다. '분기奮起'라고 했는데, '분기탱천奮起撑天'이라는 단어에서 두 글자로 만들었습니다. 거짓된 영적 지식, 불의를 보고 일어나서 싸워야 한다는 사도님의 격앙된 마음을 나타내는, 이보다 더 적확한 단어가 쉽게 떠오르지 않았습니다.

사도님은 예수님의 아우로서, 복음서에는 좀 부정적으로 나타났습니다. 고향에 들르신 형님 예수를 도외시하여 예수님의 마음에 섭섭함을 느끼게 한 형제 중 한 분이시죠? 예수님은 그때, "선지자가 고향에서는 환영받는 일이 없다"는 말씀으로 육신의 형제들에 대한 외로움을 나타내셨습니다.

그러나 예수님의 승천 후 깨달음을 얻고, 메시아, 그리스도, 하나님의 아들이신 구세주로 영접하시고 초대 교회에서 사도가 되시어 이와 같은 서신을 남기셨군요. 만시지탄晩時之歎의 느낌은 있지만, '늦었다고 생각될 때가 가장 빠른 때'라는 말도 있는 것처럼 유다서를 보면서 많이 반갑기도 했습니다.

사도님은 성도들에게 믿음의 공동체에 몇 사람이 시침 떼고 들어와서 경건하지 않은 모습으로 하나님의 은혜를 악용하여 풍기를 문란케 하면서, 예수 그리스도를 부인하는 불신자가 있다고 하셨습니다. 그래서, "믿음의 도를 위하여 힘써 싸우라는 편지로 너희를 권하여야 할 필요를 느꼈노니"라고 거룩한 분노를 나타냈습니다. 문득 예수께서 성전에 들어가셨을 때, 장사하는 사람들과 동전 바꾸는 사람들을 보시고 채찍을 휘두르며 쫓으시던 모습이 떠올랐습니다.

사도님은 여러 역사적 측면과 우리가 알지 못하는 유대 고대 문서들을 참고하여 그들이 어떤 징벌의 대상인지를 조목조목 들어주셨습니다.

먼저는 애굽에서 구출 받은 백성이 하나님을 불신하여 원망했을 때 광야에서 그들을 징계하신 일이며, 타락한 천사들을 징계하신 일, 성적으로 타락했던 소돔성의 멸망, 천사장 미가엘이 마귀와 다툴 때 심판을 하나님께 맡겼던 시실을 예로 들어, 남을 비방하기에 서슴없고, 짐승 같은 본능으로 행동하는 그들은 멸망할 것이라고 하셨습니다.

그 사람들은 역사를 거슬러 올라가, 살인자 가인, 돈 받고 저주하려다 어그러진 길을 갔던 거짓 선지자 발람, 광야 생활에서 모세를 반역했던 고라의 패역을 따랐던 사람이라고 하셨습니다. 이러한 역사적 고찰도 그렇지만 사도님의 대단한 문학적 서술이 있어서 놀랍습니다.

"그들은 기탄없이 너희와 함께 먹으니 너희의 애찬에 암초요 자기 몸만 기르는 목자요 바람에 불려가는 물 없는 구름이요 죽고 또 죽어 뿌리까지 뽑힌 열매 없는 가을 나무요 자기 수치의 거품을 뿜는 바다의 거친 물결이요 영원히 예비된 캄캄한 흑암으로 돌아갈 유리하는 별들이라"

교회의 거룩함을 해치는 불경不敬한 사람들과 맞서 싸우라고 하신 사도님, 이런 사람들은 제가 사는 현대에도 너무나 많고 교회는 그런 사람들의 조롱받기 일쑤입니다. 건전한 교회에 가만히 들어온 이단자들이 사람들의 마음을 훔쳐 데리고 가는 경우도 많았습니다. 속임수에 능란하고 가면을 써서 예수로 위장합니다.

그러나 가만히 들어오는 것은 이단자들만이 아닙니다. 내 마음에 파고드는 의심, 불안, 정욕, 자기애, 오만, 탐심 등등 우리의 거룩함을 해치는 사탄의 세력에 맞서 싸우는 싸움의 기술은 없나요? 사도님은 이렇게 말씀하셨습니다.

"사랑하는 자들아 너희는 우리 주 예수 그리스도의 사도들이 미리 한 말을 기억하라. 사랑하는 자들아 너희는 너희의 지극히 거룩한 믿음 위에 자신을 세우며 성령으로 기도하며, 하나님의 사랑 안에서 자신을 지키며 영생에 이르도록 우리 주 예수 그리스도의 긍휼을 기다리라"

이렇게 요약 되네요.

사도들의 경고를 '기억하라', 성령으로 '기도하라', 예수님의 긍휼을 '기다리라' 그리고 가만히 들어온 사탄을 물리치는 방법의 또 하나로 언제나 제 심령에 가만히 들어오신 성령, 그 성령께서 주시는 찬양을 늘 출렁이어 떠나지 않게 해야 하겠습니다.

주 내 맘에 모신 후에 날 주장하시네
주께 내맘 드린 후에
더욱 섬길수록 더 귀한 주님
더욱 섬길수록 더 귀한 주님
더 사랑할수록 주 날 사랑해
매일 내 맘 천국 기쁨 넘치네
더욱 섬길수록 더 귀한 주님
더욱 섬길수록 더 귀한 주님
(빌 게이터 작사 작곡 〈더욱 섬길수록〉에서)

사탄의 세력과 맞서 싸우는 무명의 성도 올림

66. 요한계시록

천국

어린 양 예수여,

저는 대한민국 청주시에 사는 보통 사람, 교회라고는 별 취미가 없는 사람이었습니다. 주변인들의 권고에 못 이겨 성경을 읽었는데, 구약의 창세기로 시작하여 오늘은 그 마지막 책, 당신의 사자使者, 요한의 계시록을 보았습니다.

요한계시록의 시작 부분에서 그는 땅 위의 일곱 교회를 향해 당신이 전하시는 칭찬과 꾸지람, 격려와 비전을 담은 편지를 전했습니다. 아마도 이 땅의 교회들에게 전하는 메시지가 아닌가 싶었습니다. 곧이어 당신이 그에게 천상의 세계를 보여주셨습니다. 그런데요, 제 지인이 쓴 수필 몇 줄을 인용하겠습니다.

“내가 몇 해 전 얼결에 타로점을 보았다. 일이 잘 진행됐다. 하지만 생각해보면 타로점의 결과가 아니더라도 누구나 열심히 해보라고 권할 수 있는 아주 보통의 말이었다. 오늘 아침에도 신문을 펼쳐 운세를 살핀다. '어렵고 힘든 시련은 누구에게나 한번쯤은 있으니 슬기롭게 대처하는 사람만이 승리할 수 있다'고 소띠 줄에 쓰여 있다. 눈을 감고 명상을 한 듯 차분해지면서 힘이 난다. 새로운 발견이다”

(김애중의 〈오늘의 운세〉에서)

인간의 삶에 아주 사소한 것들까지도 신비의 존재에 의존하여 작은 힘이라도 얻어보려는 생각을 이렇게 가지고 있습니다. 그런데 많은 사람이 왜 어린 양 예수께서 요한에게 보여주신 어마어마한 신비가 우리 앞에 펼쳐있음에도 관심조차 두지 않을까요? 저도 당신의 그 어마어마한 영적 세계를 모르니 주변의 교인들이 꼭 성경을 읽어보라 권한 것이라 생각 했습니다. 감사하게도 저는 요한계시록을 읽으며 제 영혼의 겉껍질이 깨어졌습니다. 기독교에서 말하는 성령의 감동이 제게 임한 결과일까요?

솔직히 과정은 힘들었습니다. 고대 헬라어를 번역한 것이고 공상 과학소설에나 나올법한 기괴한 장면들, 등장인물, 생물, 상황들을 보며, 어느 쪽이 참인지 무어가 거짓인지, 해석하기 너무 어려워 책을 덮었다가 펴기를 여러 번 했지요. 결국, 인터넷이며, 유튜브, 관련 서적을 참고한 후 비로소 당신의 세계를 분명히 보게 되었습니다.

연구가들에 의하면, 요한계시록은 처음 쓰였을 당시부터 오랜 시간, 정통 교단이라 하는 사람들에게 그리 환영받지 못했으며, 심지어 중세 루터나 칼빈 같은 종교개혁자들은 요한계시록 관련 주해서를 저술하지도 않을 정도였다니 짐작됩니다.

어린 양 예수여,

제가 감히 당신을 이렇게 불러도 되겠습니까? 아니, 요한계시록의 천국을 본 이상, 당신께 이보다 더 적절한 호칭이 떠오르지 않습니다. 보세요. 당신이 요한에게 계시로 보여주신 천상의 예배 장면에서 천상의 존귀하기 이를데 없는 네 생물과 이십 사 장로가 최상의 예배 드리는 장면에 이어 어린 양이신 당신을 지극히 높여 노래합니다.

"내가 또 보니 보좌와 네 생물과 장로들 사이에 한 어린 양이 서 있는데 일찍이 죽임을 당한 것 같더라 그에게 일곱 뿔과 일곱 눈이 있으니 이 눈들은 온 땅에 보내심을 받은 하나님의 일곱 영이더라"

당신의 존재를 예수님이라 하지 않고 '어린 양'이라고, '일찌기 죽임을 당한' 당신을 부르니 저도 이렇게 불러야 하지 않겠습니까? 이건, 단순한 호칭

문제를 넘어, 온 인류를 위한 당신의 십자가 헌신에 대한 경외요, 당연한 감격입니다.

천국에서의 모든 영광과 존귀함이 당신, 어린 양께 집중된 걸 보았습니다. 하나님이 당신에게 주신 심판의 책에서 당신이 차례로 봉인을 떼실 때마다 펼쳐지는 사탄 심판의 광경들을 현대의 SF장르 영화로 제작한다면 얼마나 멋질까요. 세계 각처에서 모여든 십사만 사천의 성도들은 어린 양을 높여 찬양하는데, 요한계시록은 말합니다.

"그들이 다시는 주리지도 아니하며 목마르지도 아니하고 해나 아무 뜨거운 기운에 상하지도 아니하리니 이는 보좌 가운데에 계신 어린 양이 그들의 목자가 되사 생명수 샘으로 인도하시고 하나님께서 그들의 눈에서 모든 눈물을 씻어 주실 것임이라"

아, 그 십사만 사천으로 상징된 온 땅의 구원받은 성도들은 얼마나 행복할까요. 그들도 처음에는 다 저처럼 하나님을 몰랐다가 어떤 경로로 전도를 받고 영접하여 그렇게 천국 시민이 된 거지요? 그렇다면 저도 십사만 사천 가운데 하나로 들기에 아직 늦지 않은 게 확실한가요?

어린 양이신 당신의 심판이 실행되어 하늘에는 한바탕 전쟁이 일어나고, 세상은 환란의 시기를 거치게 되더군요. 그리고 결국은 '바벨론'이라 비유되는 사탄의 세계는 무너지고 새 하늘 새 땅이 펼쳐집니다. 당신, 어린 양의 혼인 잔치가 시작되었더군요.

"할렐루야 주 우리 하나님 곧 전능하신 이가 통치하시도다. 어린 양의 혼인 기약이 이르렀고 그의 아내가 자신을 준비하였으므로 그에게 빛나고 깨끗한 세마포 옷을 입도록 허락하셨으니 이 세마포 옷은 성도들의 옳은 행실이로다"

인류 문학의 어떤 장르나 문장 작법이 천국을 제대로 묘사할 수 있을까요? 요한은 이렇게밖에 표현할 방법이 없었는지요?

"또 그가 수정같이 맑은 생명수의 강을 내게 보이니 하나님과 및 어린 양의 보좌로부터 나와서 길 가운데로 흐르더라. 강 좌우에 생명나무가 있어 열두 가지 열매를 맺되 달마다 그 열매를 맺고 그 나무 잎사귀들은 만국을 치료하기 위하여 있더라. 다시 저주가 없으며 하나님과 그 어린 양의 보좌가 그 가운데에 있으리니 그의 종들이 그를 섬기며 그의 얼굴을 볼 터이요 그의 이름도 그들의 이마에 있으리라. 다시 밤이 없겠고 등불과 햇빛이 쓸 데 없으니 이는 주 하나님이 그들에게 비치심이라 그들이 세세토록 왕 노릇 하리로다"

어린 양이여,

당신은 창세기에서 시작한 이 세상의 대미大尾를 천국의 대망大望으로 하셨습니다. 그래서 저도 요한처럼 두근대는 가슴으로 이렇게 외치겠습니다.

"아멘 주 예수여 오시옵소서"

미래의 천국 시민 올림

여기는 어디?

미친 바람
해적떼와 상어들
모두 안녕~

기적의 바람타고
도착한
여기는 행복항

신비
(2025.2.4.화)
달빛은
물결에
제 몸을
아무리 나눠주어도
전혀
없어지지 않는다